Besichtigungsbuch
des Königlichen Garnisonlazaretts
zu Coblenz (1826–1912)

Besucherbuch des
Bundeswehrzentralkrankenhauses
Koblenz (1968–1987)

Besichtigungsbuch

des

Königlichen Garnisonlazaretts

zu Coblenz (1826-1912)

fortgeführt als

Besucherbuch des

Bundeswehrzentralkrankenhauses

(1968-1987)

Bearbeitet und um biographische Beiträge erweitert von

Joachim Schnierstein

unter Mitwirkung von Friedrich Herrmann

Herausgeber: Stadt Koblenz und Bundeswehrzentralkrankenhaus

Gesamtherstellung: Heil-Druck Inh. Karl Neisius
ISBN 3-926545-01-1

Bildnachweis:

Schutzumschlag: Die Moselfront in Coblenz mit Balduinbrücke, um 1850.
Im Vordergrund rechts das Garnisonlazarett, im Hintergrund die Festung Ehrenbreitstein.
Bleistiftzeichnung, laviert. Reproduktion nach einer Photographie aus dem Besitz des Mittelrheinmuseums durch Foto Gauls, Koblenz.

Vorsatz (vorne): Der Zusammenfluß von Mosel und Rhein mit Coblenz und seinen Festungswerken.
Nach Lithographie von J.A. Lasinsky, 1829, aus dem Mittelrheinmuseum Koblenz.

Vorsatz (hinten): Das Bundeswehrzentralkrankenhaus Koblenz.
Luftbild, 1984, freigegeben von der Bezirksregierung Rheinhessen-Pfalz unter Nr. 8488/2.

Inhalt

Zum Geleit

Zeitabschnitte aus zwei Jahrhunderten, in einem Buch vereint, berichten über humanitäres Bemühen in dieser Stadt, in diesem Land.
Aus dem Humus der Geschichte wachsen hier sichtbar Früchte der Gegenwart mit Samenkörnern für die Zukunft.
Die Militärmedizin besaß zunächst in Preußen - später im Deutschen Reich - eine bedeutsame Schubkraft für die Allgemeinmedizin mit den bekannten Auswirkungen auf die erwachende moderne Medizin um die Jahrhundertwende.
Die Wehrmedizin unserer Zeit steht in einem anregenden Wechselgespräch mit der Schulmedizin und der Katastrophenmedizin. Sie bewegt sich - zumindest in den großen Bundeswehrkrankenhäusern - in den vorderen Reihen der allumfassenden Versorgung auch Schwerstkranker.
Mit dieser Versorgung stehen die Bundeswehrkrankenhäuser in der Reihe großer Kliniken. Sie nehmen hier ihren Platz ein.
Die Aufzeichnungen im Besichtigungsbuch des Königlichen Garnisonlazaretts, analysiert und geordnet, geben einen Längsschnitt der Militärmedizin im Zeitraum von 1826-1912.
Die Fortführung der Aufzeichnungen als Besucherbuch des Bundeswehrzentralkrankenhauses geben einen Überblick über den Sanitätsdienst der Bundeswehr von 1968-1987.
Das Bundeswehrlazarett Koblenz - so wird es hier deutlich - entwickelte sich zum Zentrallazarett der Bundeswehr und schließlich zum Bundeswehrzentralkrankenhaus.
Es entsteht neben diesen Längsschnitten durch die Militär- und Wehrmedizin ein zeitgeschichtliches Dokument mit zahlreichen Bekundungen hochgestellter Persönlichkeiten: von Politikern, Ärzten, Soldaten und ausländischen Besuchern.
Dieses Dokument ist eine Brücke von unseren vorbildlichen Altvorderen zur Gegenwart und somit ein Beispiel lebendiger Tradition.
Mit der Herausgabe dieser erläuterten Faksimileausgabe entwickeln sich wirksame Wurzeln zur Geschichte der Medizin, zur Stadtgeschichte, zur Geschichte unseres Landes und zur Einbindung unserer Institution in das hiesige Gemeinwesen.
Ein Baum mit tiefgreifenden Wurzeln wird gute Früchte tragen können, wenn er die erforderliche Beachtung und Pflege erhält.
Das Eingebundensein in diese Stadt - in Koblenz - ist heute wie damals von Bedeutung.

Nach Johann August Klein: *Koblenz verfügt über eine höchstgefällige Erscheinung, viel vornehmer als die andern Städte dieser Rheingegend.*
Und nach Ludwig Mathar: . . . *wird Koblenz nach dem Kriege von 1866 wieder Residenz, hat ein Garderegiment und eine alljährlich residierende huldfreundliche Kaiserin Augusta in seinen Mauern.*

Aus unseren Tagen sei an die Konferenz im Koblenzer Berghotel Rittersturz im Juli 1948 erinnert, durch die wiederum die Bedeutung dieser Stadt unterstrichen wird. Damals haben elf deutsche Ministerpräsidenten aufgrund der ihnen zuvor von den drei westlichen Militärgouverneuren ausgehändigten Dokumente zur künftigen Selbstregierung der Deutschen wesentliche Voraussetzungen für die Verabschiedung des Grundgesetzes und zur Gründung der Bundesrepublik Deutschland geschaffen.
Die Herausgabe dieser Schrift soll auch einen Beitrag zur Geschichte der altehrwürdigen schönen Stadt leisten und ihr damit gleichzeitig einen Dank abstatten.
Der Leser wird in ihr namhafte Gestalten des vergangenen Jahrhunderts wiederfinden.
Hier wird deutlich, wie sehr Koblenz eine reizvolle und tragfähige Bühne unserer Geschichte war und geblieben ist.
In mühevoller Arbeit und unter Auswertung vielfältiger Archivquellen hat Oberstarzt a.D. Dr. Schnierstein unter Mitwirkung von Oberfeldarzt a.D. Dr. Herrmann Persönlichkeiten der Vergangenheit aufgedeckt und für jedermann verständlich und lesbar gemacht.
Stadtgeschichte, preußische Geschichte und die Entwicklung zum Deutschen Reich konnten ebenso verdeutlicht werden wie die Fortschritte der Militärmedizin im vergangenen Jahrhundert und die Reichweiten der heutigen Wehrmedizin in internationale Räume.
Aus der Achtung vor den Leistungen der Vergangenheit und mit dem Blick in die Zukunft haben sich zur Förderung dieser Schrift der Oberbürgermeister dieser Stadt und der Chefarzt des Bundeswehrzentralkrankenhauses zusammengetan.

Dr. Ernst Müller

Willi Hörter

Einführung

Besichtigungen und Visitationen sind in allen Armeen von jeher Brauch gewesen. Besonders in der alten preußischen Armee hatten Besichtigungen eine weitreichende Bedeutung. So waren z. B. die Kommandierenden Generale der Armeekorps verpflichtet, nach Truppenbesichtigungen ihre Besichtigungsberichte direkt dem König zuzuleiten. Dieser prüfte sie und gab in detaillierter Form Stellungnahmen zu den Berichten ab. Eine weitere Folge waren Anordnungen und Verfügungen (Kabinettsorders) zur Behebung kritisierter Mängel und Verbesserungen administrativer und organisatorischer Verhältnisse.

Es ist kaum bekannt, daß Befehlshaber bei Besichtigungen der Truppen in einer Garnison auch die Garnisonlazarette besuchten und visitierten. Bei diesen Gelegenheiten trugen sie sich in das vorgeschriebene Besichtigungsbuch ein, meist mit Bemerkungen, die sich auf ihren dienstlichen Verantwortungsbereich bezogen.

Wie aus den alten preußischen Reglements und insbesondere aus der Friedens-Sanitätsordnung (F.S.O.) von 1891 hervorgeht, waren für alle preußischen Garnisonlazarette Besichtigungen und die Führung von Besichtigungsbüchern vorgeschrieben. Zur Besichtigung befugt und verpflichtet waren die Truppenbefehlshaber vom Brigadekommandeur aufwärts, die Generalstabsärzte der Armee, die Korpsärzte sowie die Korpsintendanten bzw. deren Vertreter.

Mit dem Entstehen der ersten preußischen Lazarette im 18. Jahrhundert wurden auch die Dienstaufsicht und das Berichtswesen eindeutig festgelegt.

Das Reglement der Königlich Preußischen Infanterie von 1726 bestimmte:

In jeder Garnison, wo ein Regiment oder Bataillon lieget, soll davor gesorgt werden, daß ein Lazareth ist, und wenn ein Kerl kranck wird, soll er in das Lazareth geschickt werden.

In einem Lazareth von einem Regiment oder Bataillon soll allezeit, absonderlich des Nachts, ein Capitain des Armes nebst einem tüchtigen Feldscheer und ein paar Aufwärters bey den Krancken, so wohl was die Medicamenta als den Unterhalt und dergleichen nöthige Aufsicht angelanget, möglichste Sorge tragen müssen.

Wie denn auch alle Tage ein Offizier, und bisweilen ein Stabsoffizier das Lazareth visitieren muß, um zu sehen, ob es woran fehlet, absonderlich muß der Regimentsfeldscheer die Krancken fleißig besuchen, ihnen zu rechter Zeit die dienliche Artzeney geben, auch ordonnieren, was die Krancken essen und trinken sollen.

Das Reglement für die Friedenslazarethe der Königlich Preußischen Armee von 1825 schrieb vor:

Jeder Besuch und jedes Monitum wird von den Revidierenden in das Lazareth-Journal eingeschrieben. Ein solches Journal, in welches zugleich besondere Vorfälle usw. eingetragen werden, muß in jedem Lazareth vorhanden seyn. Es wird von den jedesmaligen ordentlichen Revisionsbehörden eingesehen, und von denselben dahin gewirkt, daß bei etwaigen begründeten Erinnerungen abgeholfen werde.

Die Geschichte des vorliegenden Besichtigungsbuches beginnt mit der Einrichtung des ersten preußischen Garnisonlazaretts in Coblenz.

Die Stadt Coblenz wurde nach der preußischen Inbesitznahme (1814) in den Jahren 1817—1824 als Großfestung ausgebaut und erhielt entsprechend ihrer militärstrategischen Bedeutung eine große Garnison. Seit 1815 war hier der Sitz des Generalkommandos des VIII. Armeekorps. Die kommandierenden Truppenbefehlshaber und die leitenden Militärärzte wurden für diese Garnison besonders ausgewählt. Während der Befreiungskriege diente das ehemalige Kurfürstliche Schloß in Coblenz von Januar bis Juli 1814 als preußisches Provinzial-Militärlazareth. Es hatte eine Kapazität von 600 Betten. Nach Auflösung dieses Lazaretts wurde das Bürgerhospital, das bereits in der französischen Zeit auf Grund eines Dekrets Napoleons eingerichtet worden war, als Lazarett für die Coblenzer Garnison genutzt. Schon 1814/15 war die Einrichtung des 1803 säkularisierten Dominikanerklosters erwogen worden. Dieser Plan wurde jedoch zurückgestellt, weil das Kloster wegen des Mangels an Kasernen vorerst für Truppenunterkünfte genutzt werden mußte. Erst als der Festungsausbau abgeschlossen war, konnte das Garnisonlazarett 1825 im Dominikanerkloster eingerichtet werden. Es entstand ein Lararett mit 210 Betten (1 Bett auf 15 Soldaten der Garnison).

Wahrscheinlich ist das Besichtigungsbuch schon 1825 angelegt und benutzt worden. Die Eintragungen beginnen zwar erst — ohne Einleitung — im April 1826. Aber der damalige General-Divisionsarzt Dr. Hübner nimmt in seiner ersten Eintragung vom 26. Juli dieses Jahres auf eine frühere Besichtigung Bezug, die demnach vor 1826 erfolgt sein wird. Weiterhin läßt sich erkennen, daß der Einband sowie das Titeletikett des Besichtigungsbuches aus späterer Zeit stammen, da die Schreibweise *Garnisonlazarett* (vorher: *Garnisonlazareth*) erst nach 1900 aufkam.

Als das alte Lazarett im Dominikanerkloster 1912 geschlossen und in den Neubau nach Moselweiß verlegt wurde, fand auch das Besichtigungsbuch seinen Abschluß. Es galt danach als verschollen. Nach seinem Auftauchen und nach seinem Erwerb durch Sanitätsoffiziere des Bundeswehrzentralkrankenhauses wurde es von 1968—1987 als Besucherbuch fortgeführt.

Unter den Besichtigenden, die sich im Zeitraum von 1826—1912 in das Besichtigungsbuch eintrugen, finden sich Namen bekannter historischer Persönlichkeiten. Allein 66 Offiziere mit den Rängen als Generalleutnant oder General, die in Preußen das zusätzliche Prädikat *Excellenz* verliehen bekamen, trugen sich als Besichtigende ein. Sieben von diesen erhielten später den Rang eines Generalfeldmarschalls.

Offenbar ist die Führung von Besichtigungsbüchern eine Besonderheit des preußischen Heeres gewesen. Weder die bayerische noch die österreichische Armee führten derartige Bücher. Auch in anderen deutschen Staaten waren sie nicht üblich.

Umfangreiche Nachforschungen nach dem Verbleib von Besichtigungsbüchern anderer preußischen Garnisonlazarette in den örtlichen Archiven blieben erfolglos. Auch das Geheime Staatsarchiv in Berlin besitzt keine Akten der alten preußischen Armee mehr. Das ehemalige Heeresarchiv in Potsdam, das ab 1937 sämtliche erhaltenen Militärakten des preußischen Heeres archiviert hatte, ist 1945 durch Kriegseinwirkung zerstört worden.

Es kann deshalb davon ausgegangen werden, daß Besichtigungsbücher anderer Lazarette nicht mehr erhalten geblieben sind.

Damit hat das Besichtigungsbuch des Königlichen Garnisonlazaretts zu Coblenz die Bedeutung eines seltenen Dokumentes erlangt.

Joachim Schnierstein

Das Eingangsportal des Garnisonlazaretts
im ehemaligen Dominikanerkloster.

Federzeichnung von Rolf Krieger, Enkirch

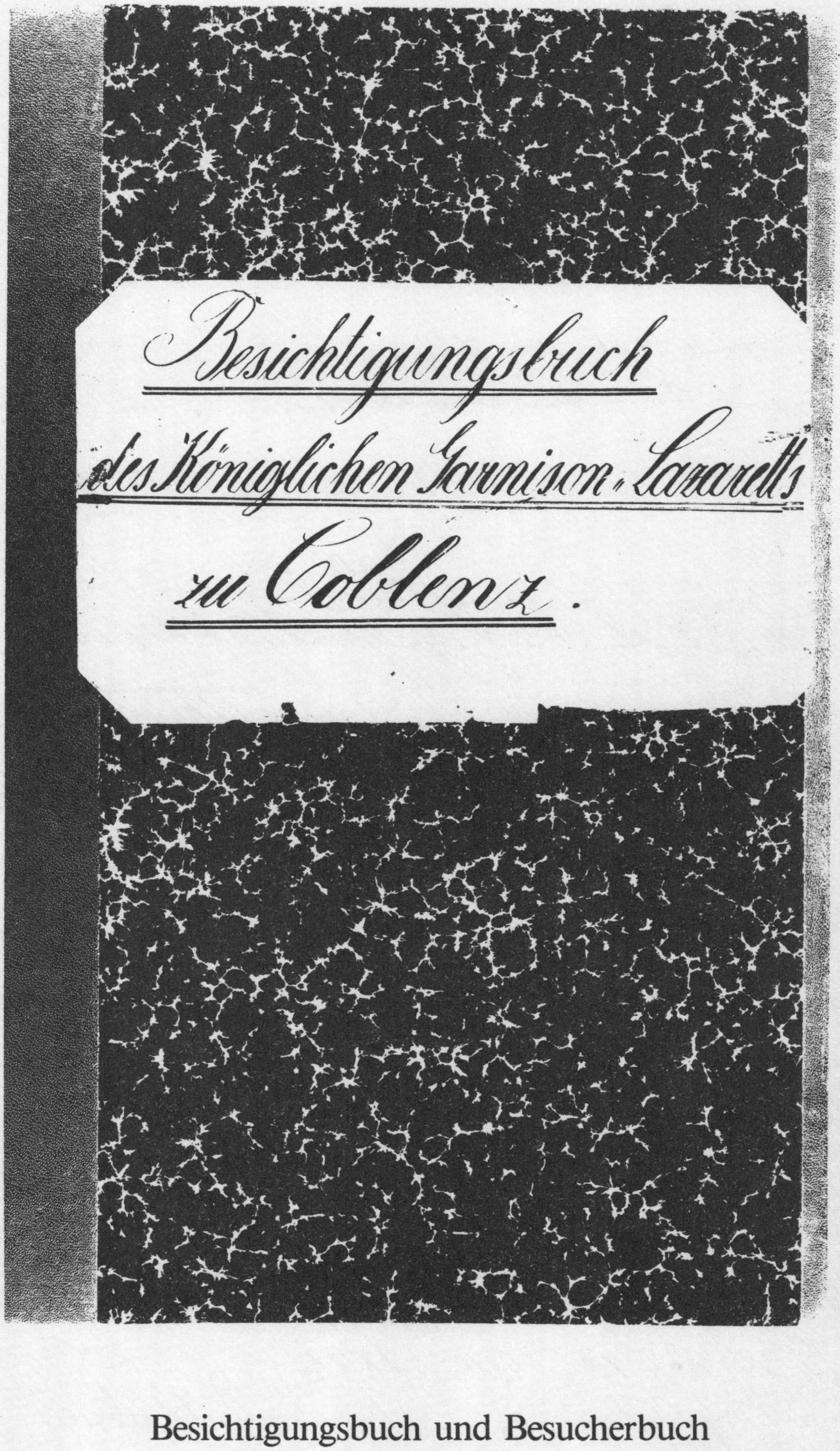

Besichtigungsbuch und Besucherbuch

in Faksimileblättern

Am 15t April mit vielem Vergnügen das Lazareth besuchen, indem überall die größte Reinlichkeit u. Ordnung herrschte.

v. Brandenstein.

Den 25ten April 1826 das Lazarett und die in demselben befindlichen Kranken vom Artillerie besucht

v. Fiebig [?]
Oberst u. Brig. d. Artill.

Den 30ten May das Lazareth besucht und dasselbe, Verpflegung und Reinlichkeit ausgezeichnet gut befunden.

v. Okegowski [?]
General Major und Commandeur der 15 Inf. Brig.

Das Lazareth erfreuet [?] sich derselben Eigenschaften [?] der Reinlichkeit, der Verpflegung und der übrigen Gegenstände, so weit sie die medizinische Polizei und die Administration betreffen, im [illegible] vom früher lobenswerthesten Zustande, vorgefunden.

Lublinitz den 6ten July 1826.

D. Hübner.

Gleiche Bemerkungen am
d. 10. Nov. 1826 D. Hübner

Gleiche Bemerkungen.

von [illegible]

Am 18ten April mit vielem Vergnügen das Lazareth besehen, in dem überall die größte Reinlichkeit und Ordnung herrschte.

v. Brandenstein

Den 25ten April 1826 das Lazareth und die in demselben befindlichen Kranken der Artillerie besucht.

v. Fiebig
Oberst und Inspekteur der Artillerie

Den 30ten May das Lazareth besucht und revidirt, Verpflegung und Reinlichkeit ausgezeichnet gut befunden

v. Othegraven
General Major und Commandeur
der 15. Inf.-Brigade

Das Lazareth revidirt und dasselbe hinsichtlich der Reinlichkeit, der Verpflegung und der übrigen Gegenstände, soweit sie die medizinische Polizei und die Administration betreffen, im lobenswerthesten Zustande, wie früher, angetroffen

Coblenz, den 6ten July 1826
Dr Hübner

Gleiche Bemerkungen

d. 10ten Okt. 1826
Dr Hübner

Gleiche Bemerkungen.

von Lucadou

Am 12ten Mai 1827. das hiesige Lazareth wie immer
in ausgezeichneter Ordnung vorgefunden

Wrangel

Heute den 26ten Juni das Lazareth revidirt
und nicht die Reinlichkeit vorgefunden wie
sie früher der Fall waren. Es kam daher dies
von so verschiedenen, als bis dem 15ten März
ein eigener Kommandant schon angestellt ist.
Die Verpflegung und die Lazarethbedürfnisse
ist ohne Tadel vorgefunden und die vorzüglichsten Arzneymittel und Instrumente
waren von guter Beschaffenheit.

Koblenz, d. 26ten Juni 27.

Hübner

Bei der heutigen Besichtigung habe ich das Garnison
Lazareth in vorzüglicher Ordnung und großer Reinlichkeit gefunden.

Coblenz d. 28. Juny 1827.

v. Ryssel

Ich muß der obigen Bemerkung des H. General
v. Ryssel Excellenz vollkommen nach meiner heutigen
Besichtigung des Lazareths beitreten.

Coblenz d. 30 Juny 27

v. Thile II.
Generalmajor

Am 12ten May 1827 das hiesige Lazareth in einer ausgezeichneten Ordnung vorgefunden

v. Wrangel

Heute den 26ten Juni das Lazareth revidirt und nicht die Reinlichkeit vorgefunden wie dies früher der Fall war.
Es erscheint dies um so auffallender, als seit dem 15. März ein eigener Revieraufseher angestellt ist. Die Verpflegung und die Lazarethbekleidung ist ohne Tadel vorgefunden und die vorgezeigten Nahrungsmittel und Getränke waren von guter Beschaffenheit.

Coblenz, d 26ten Juni 27
Dr Hübner

Bei der heutigen Besichtigung habe ich das Garnison-Lazareth in vorzüglicher Ordnung und großer Reinlichkeit gefunden.

Coblenz, d. 28. Juny 1827
v. Ryssel II

Ich muß der obigen Bemerkung des H. Generals v. Ryssel Excellenz vollkommen nach meiner heutigen Besichtigung des Lazareths beitreten.

Coblenz, d 30 Juny 27
v. Thile 2te
Generalmajor

Den Gemüthskranken, welcher zur Zeit im hiesigen Lazareth behandelt wird, auf den 3ten Boden zu legen, wobei das Zimmer ohne eisernes Gitter ist, ist sehr gewagt und ist den vorhandenen Bestimmungen entgegen. Da ein solches Zimmer für Wahnsinnige überdies im Lazareth zu ebener Erde gelegen vorhanden ist, so muß derselbe ungesäumt in das Kranken-Zimmer gebracht werden und sehe ich der schleunigen Ausführung und einer Meldung bis heute Abend entgegen.

Wenn kein Waschfaß im Lazareth vorräthig wäre, so muß solches sofort angeschafft werden.

Das Essen, welches noch nicht fertig, war sehr gut, die Suppe sehr kräftig, das Fleisch mürbe und die Portionen vorschriftsmäßig. Klagen wurden von den Kranken in mehreren Zimmern, auf das wiederholte Befragen, nicht vorgebracht. Die Reinlichkeit in Zimmern und Gängen war dieses Mal vorzüglich.

Koblenz, d. 13 7br. 1827.

Stübner

Am 12ten Septbr 1827 das hiesige Lazareth besucht und in der vorzüglichsten Ordnung und ausgezeichneter Reinlichkeit gefunden.

Paalzow
Major und Abth. Commandeur
in der 7ten Artill. Brigade.

Daß ich das Lazareth in einer sehr musterhaften Ordnung vorgefunden bescheinige ich hiermit mit wahrem Vergnügen.

Coblenz 7ten May 1828.

v. Wrangel

Bei meiner heute angestellten Revision kann ich nur das oben Gesagte bestätigen, und dem Inspecteur Wichmann muß ich das beste Zeugniß über seine Ordnungsliebe hiermit ertheilen. Coblenz den [illegible] 1828

v. Wrangel

Den Gemüthskranken, welcher zur Zeit im hiesigen Lazareth behandelt wird, auf den 3ten Stock zu legen, wobei das Zimmer ohne eiserne Gitter ist, ist sehr gewagt und ist den vorhandenen Bestimmungen entgegen. Da ein solches Zimmer für Wahnsinnige überdies im Lazareth zu gleicher Erde gelegen, vorhanden ist, so muß dasselbe geräumt und der Kranke dorthin gebracht werden und sehe ich der schleunigen Ausführung und einer Meldung bis heute Abend entgegen.
Wenn kein Brustgurt im Lazareth vorräthig wäre so muß solcher sofort angeschafft werden. Das Essen, obschon noch nicht fertig, war sehr gut, die Brühe sehr kräftig, das Fleisch mürbe und die Bohnen /grüne/ waren wohlschmeckend. Klagen wurden von den Kranken in mehreren Zimmern, auf wiederholtes Befragen, nicht vorgebracht. Die Reinlichkeit in Zimmern und Gängen war dieses Mal vorzüglich.

Coblenz d 1ten Fbr. 1827
Dr Hübner

Am 12ten Septbr 1827 das hiesige Lazareth besucht und in der vorzüglichsten Ordnung und ausgezeichneter Reinlichkeit gefunden.

Paalzow
Major und Abt. Kommandeur in der
7ten Artil. Brigade

Daß ich das Lazareth in einer sehr musterhaften Ordnung vorgefunden bescheinige ich hiermit mit vielem Vergnügen.

Coblenz 7ten May 1828
v. Wrangel

Bei meiner heute angestellten Revision kann ich nur das oben Gesagte bestätigen, und dem Inspecteur Wichmann muß ich das beste Zeugnis über seine Ordnungsliebe hiermit ertheilen.

Coblenz den 20ten Juny 1828
v. Wrangel

Bey meiner Durchreise durch [illegible] habe ich das [illegible] Garnison Lazareth in vorzüglicher Ordnung und Reinlichkeit gefunden. Coblenz d 17t July 1828.

August
Prinz von Preußen

Außer einer musterhaften Reinlichkeit und dem [illegible] wurde der Zustand des Lazareths [illegible] in der besten Ordnung vorgefunden. Die Kranken äußerten und wiederholten [illegible] ihre Zufriedenheit über Speise und Getränke, über Wartung, Pflege und Reinlichkeit [illegible] wie [illegible] gerne [illegible] wird, als er sich wiederholt und häufig [illegible] die nöthigen [illegible] verschafft hat.

Koblenz, d 4t Aug 1828.

D. Hübner

Bei meiner heute abgehaltenen Besichtigung des Lazareths habe ich Alles in dem gewöhnlichen guten Ordnung vorgefunden.

Coblenz den 14t April 1829

v Wrangel

Ich fand den guten Ruf der hiesigen Heilanstalt völlig bestätigt, und [illegible] die zweckmäßigen Ein[illegible] Localien für die Kranken [illegible] Bedürfnisse, [illegible] nach der großen Reinlichkeit, welche vorzüglich an den [illegible] wahrzunehmen ist, [illegible] als auch [illegible] und [illegible] übrigen [illegible] [illegible] Lazareth [illegible], wie [illegible]

[illegible]

Bey meiner Besichtigung habe ich das Allgemeine Garnison Lazaret in vorzüglicher Ordnung und Reinlichkeit gefunden

d 17ten July 1828

August
Prinz von Preußen

Außer einer mangelhaften Reinlichkeit auf dem Eingangshofe wurde der Zustand des Lazareths, wie früher, in der besten Ordnung vorgefunden. Die Kranken äußerten auf wiederholtes Befragen ihre Zufriedenheit über Speisen und Getränke, über Wartung, Pflege und Reinlichkeit, was auch von Unterzeichnetem sehr gerne anerkannt wird, als er sich wiederholt und häufig unvorgesehen davon die nöthige Überzeugung verschafft hat.

Coblenz, d 4ten Aug 1828
Dr Hübner

Bei meiner heute abgehaltenen Besichtigung des Lazareths habe ich Alles in der gewohnlichen guten Ordnung angetroffen.

Coblenz den 14ten April 1829
v. Wrangel

Ich finde den guten Ruf der hiesigen Heilanstalt völlig bestätigt, und nicht allein der zweckmäßigen Anlage und schönen Localien für die Kranken und ökonomischen Bedürfnisse, sondern auch nach der großen Reinlichkeit, welche vorzüglich an den Fußböden wahrzunehmen ist, als ausgezeichnet und kann hiermit den dabey mitwirkenden Herren Ärzten und übrigem Personal, besonders aber auch der Lazareth-Commission, wie meinen

Beifall, so bezeugenden Dank, [illegible] des Kriegs Ministeriums mit Vergnügen bezeugen. Laibach 18ten Juni 1829

[illegible]

Bei der heute abgehaltenen Besichtigung des Lazareths habe ich die Reinlichkeit und Ordnung ausgezeichnet gut gefunden, auch die Ueberzeugung erlangt, daß zur sorgfältigen Pflege der Kranken vorzüglich gewirkt wird.

Laibach d. 14ten Juny 1829

v. [illegible] II

Ich glaube daß die Augenkranken strenge von den übrigen Kranken abgesondert werden müßten, was ich nicht gefunden.

Die Erbsen welche den Kranken als Suppe verabreicht werden, fand ich nicht gahr, und glaube dies in der schlechten Qualität derselben, mit sehr vielen schwarzen vermischt, suchen zu müssen, da ich aus eigener Erfahrung weiß, daß das Gemüse für den [illegible] Preis von besserer Güte hier in der Gegend zu haben ist.

Die Kranken Betten fand ich mit [illegible] [illegible] angefüllt.

Sonst schien es mir als strengste Reinlichkeit und Ordnung. Laibach d. 16. Juli 1830.

[illegible]

Oberst und [illegible]

Beifall, so besonderen Dank von Seiten des Kriegs Ministeriums mit Vergnügen bezeugen.

Coblenz d 8ten Juni 1829

v. Jaski

Bei der heute abgehaltenen Besichtigung des Lazareths habe ich die Reinlichkeit und Ordnung ausgezeichnet gut gefunden, auch die Überzeugung erlangt, daß zur sorgfältigen Pflege der Kranken vorzüglich gewirkt wird.

Coblenz d. 14ten Juny 1829

v. Ryssel II

Ich glaube, daß die Augenkranken strenge aus den übrigen Stuben abgesondert werden müssen, was ich nicht gefunden.
Die Erbsen welche den Kranken als Suppe verabreicht werden, fand ich nicht gahr, und glaube dies in der schlechten Qualität derselben, mit sehr vielen schwarzen vermischt, suchen zu müssen, da ich aus eigener Erfahrung weiß, daß dies Gemüse für den nemlichen Preiß von besserer Güte hier in der Gegend zu haben ist.
Eine Kranken Stube fand ich mit Tabaksdampf angefüllt. Sonst schien es mir als herrsche Reinlichkeit und Ordnung.

Coblenz d 16 t April 1830 *v. Tuchsen*

Oberst und Brigadier

~~[illegible]~~

Bei meiner heutigen Besichtigung des Lazareths habe ich die vollkommenste Ordnung u. Reinlichkeit vorgefunden so daß ich mit Vergnügen meine ganze Zufriedenheit ausspreche.

d 16. May 1830.

[illegible]

Der vorstehenden Äußerung kann ich nur beystimmen.

[illegible]
Oberstlieutenant

bei der am heutigen Tage vorgenommenen Besichtigung des Lazareths habe ich die vollkommenste Ordnung u. Reinlichkeit vorgefunden u. spreche hiermit zu bezeugen auch über die Verwaltung meine ganze Zufriedenheit aus

[illegible] d 12t Aug 1830

[illegible]
Divisionskommandeur

Ich habe mit Vergnügen bei der heutigen Besichtigung des Garnison Lazareths die vorzügliche Ordnung u. Reinlichkeit wahrgenommen die in demselben herrscht.

Coblentz d 23t August 1830

[illegible]
Generalmajor

Ich kann die vorzüglichste Ordnung und Reinlichkeit [illegible]

Coblentz den 26 Aug 1831

[illegible]
General Major

Bei meiner heutigen Besichtigung des Lazareths habe ich die vollkommenste Ordnung und Reinlichkeit vorgefunden sodaß ich mit Vergnügen meine ganze Zufriedenheit ausspreche
d 16. May 1830 *v. Pfuel*

Der vorstehenden Äußerung kann ich nur beystimmen.
v. Hülsen
Oberst im Kriegs Ministerium

Bei der am heutigen Tage erneut erfolgten Besichtigung des Lazareths habe ich die vollkommenste Ordnung und Reinlichkeit vorgefunden und spreche hiermit in Bezug auf alle Verwaltungszweige meine ganze Zufriedenheit aus
Coblenz d 12ten Aug 1830 *v. Pfuel*
Divisionskommandeur

Ich habe mit Vergnügen bei der heutigen Besichtigung des Garnison Lazareths die vorzügliche Ordnung und Reinlichkeit wahrgenommen die in demselben herrscht.
Coblenz d 23ten August 1830 *v. Thile 2te*
Generalmajor

ich kann der vorzüglichen Ordnung und Reinlichkeit nur rühmend erwähnen.
Coblenz den 26ten Juny 1831 *v. Boyen*
General Major

Ich habe mit Vergnügen die vorzüglichste Einrichtung und Ordnung des hiesigen Lazareths gesehen. Coblenz d. 24 August 31.

August

ich habe das Garnison Lazareth in jeder Beziehung den 21ten* August 1831, in recht [illegible] Stand gefunden. Thielmann General Major.

*October

ich habe mich [illegible] das Lazareth in einem sehr vorzüglichen Zustande zu finden. d. 31/12 32.

v. Boyen

Ich habe bei der heutigen Besichtigung des Lazareths dasselbe in jeder Hinsicht in einem lobenswerthen Zustande gefunden

Coblenz den 29 Januar 1833.

[illegible]

das Lazareth durchweg in sehr lobenswerthem Zustande gefunden.

d. 12/4 33 v. Boyen

[illegible]

Coblenz d. 15. Jan. 34. [illegible]

Alles vorzüglich gut gefunden

d. 29/5 37 v. Borcke

Ich habe mit Vergnügen die vorzügliche Einrichtung und Ordnung des hiesigen Lazareths gesehen.
Coblenz d. 24. August 31.

August
[Prinz von Preußen]

ich habe das Garnison Lazareth in jeder Beziehung den 21ten August 1831, in recht preiswürdigem Stand gefunden.

v. Hofmann
General Major

Ich habe mich nur freuen können das Lazareth in einem so vorzüglichen Zustande zu finden.

d 31/12 32

v. Boyen

Ich habe bei der heutigen Besichtigung des Lazareths dasselbe in jeder Hinsicht in einem lobenswerthen Zustand gefunden.
Coblenz den 29 Januar 1833

v. Pfuel

Das Lazareth durchweg in sehr lobenswertem Zustand gefunden.

d 12/4 33

v. Boyen

War ein Vergnügen.
Coblenz d. 15. Jan. 34.

v. Hüser
Oberst und Brig. Commandeur

Alles vorzüglich gut gefunden.

d 22/3 34

v. Boyen

Bei der am heutigen vorgenommenen Besichtigung des Lazareths habe ich die Stuben, in welchen sich Mannschaften der 8ten Artillerie Corps befinden, in vorschriftsmäßiger Ordnung gefunden.

Coblenz 30t. März. 1834.

[illegible]

Bei der heutigen Besichtigung d. Lazareths habe ich überall eine lobenswerthe Ordnung gefunden. Coblenz d. 28 März 1835

[illegible]

Die heutige Besichtigung des Lazareths u: die darin bemerkte musterhafte Ordnung läßt auf einen fortgesetzt befriedigenden Zustand der Anstalt schließen; ich nehme gern Veranlassung, dies lobend anzuerkennen. Coblenz den 24. Juni 1835.

[illegible]
Wirkl: Geheimer Kriegs Rath

Bei Besichtigung des Lazareths am heutigen Tage fand ich alles in lobenswerther Ordnung

Coblenz den 16. Mai 1836.

[illegible]

Bei der heutigen Besichtigung des Lazareths fand ich überall gute Ordnung vorherrschend

Coblenz d. 24 März 1838

[illegible]
Generalmajor

Bei der am heutigen vorgenommenen Besichtigung des Lazareths habe ich die Stuben, in welchen sich Mannschaften der 8ten Artillerie-Brigade befanden, in recht guter Ordnung gefunden.
Coblenz 30ter März 1834

v. Franckenberg

Bei der heutigen Besichtigung des Lazareths habe ich überall eine lobenswerthe Ordnung gefunden.
Coblenz d 28. May 1835

Dohna

Die heutige Besichtigung des Lazareths u. die darin bemerkte musterhafte Ordnung läßt auf einen fortgesetzt befriedigenden Zustand der Anstalt schließen; ich nehme gern Veranlaßung, dies belobend anzuerkennen.
Coblenz den 24. Juni 1835

Pomowitz
Wirklicher Geheimer Kriegs Rath

Bei Besichtigung des Lazareths am heutigen Tag fand ich alles in lobenswerther Ordnung
Coblenz den 18. März 1836

v. Hüser

Bei der heutigen Besichtigung des Lazareths fand ich überall gute Ordnung vor …
Coblenz d 24. März 1836

Dohna
General Major

bei Besichtigung des Lazareths fand ich alles in musterhafter Ordnung.

Coblenz den 26. April 1837.

[illegible]
Generalmajor und Brigade Commandeur

Alles in bester Ordnung gefunden

Coblenz d. 25 May 1838

v. Hirschfeld
Oberst u. Brigade Commandeur

Bei der von mir vorgenommenen Besichtigung des Lazareths habe ich sowohl die Einrichtung, die allgemeine Administration, als wie die einzelnen Einrichtungen in eigener Ordnung gefunden, so daß meine Ausstellungen dies Mal nur unbedeutender Natur waren. Es wird indessen doch darauf zu sehen sein, daß die Matratzen den Kranken möglichst wenig belegt werden, weil dies den Kranken [illegible] ist.

Coblenz den 2. Juli 1838

[illegible]
Generalmajor und Director des Militair Oekonomie Departements

Im vortrefflichen Zustande befunden.

d. 3 Juli 1840

[illegible]

Bei Besichtigung des Lazareths fand ich alles in musterhafter Ordnung.
Coblenz den 26. April 1837

v. Hüser
Generalmajor und Brigade Commandeur

Alles in bester Ordnung gefunden.
Coblenz d 25. May 1838

v. Hirschfeld
Oberst und Brigade Commandeur

Bei der von mir vorgenommenen Inspektion des Lazareths habe ich sowohl die Anordnung der allgemeinen Administration, so wie die einzelnen Einrichtungen in großer Ordnung gefunden, so daß wenige Anstalten dieser Art ein befriedigenderes Resultat ergaben. Es wird indessen doch dahin zu sehen sein, daß die Mansarden Stuben möglichst wenig belegt werden, weil dort der Raum eng und niedrig ist.
Coblenz den 2. Juli 1838

Rohr
Generalmajor und Direktor des Militair
Oekonomie Departments

In vortrefflicher Verfassung befunden.
den 3. July 1838

Wilhelm
[Prinz von Preußen]

Alles vorzüglich gut befunden
Coblenz den 13/5 39

v. Preuss
General Major

Gelesen! Auch ich habe bei einer allgemeinen Besichtigung heute mit wahrem Vergnügen die löbliche Aufsicht, Ordnung und gute Oeconomie wahrgenommen, die in dieser vorzüglichen Anstalt herrscht Coblenz den 15ten Juny 1839.

Mühler

Wirklicher Geheimer Kriegs Rath im Kriegs Ministerio.

Mit grösstem Vergnügen habe ich die aus gezeichnete Ordnung und Reinlichkeit in diesem Lazareth heute gesehen

Coblenz 24/7 39

v. Colomb

den 13ten Nov. [1874] wurde die [illegible] liche Anstalt nicht blos ordnungsmäßig sondern in einem vorzüglichen Zustand gefunden.

[illegible]

General [illegible]

Alles vorzüglich gut befunden.
Coblenz den 13/5 39

v. François
General Major

Gelesen! Auch ich habe bei einer allgemeinen Besichtigung heute mit wahrem Vergnügen die löbliche Fürsorge, Ordnung und gute Oeconomie wahrgenommen, die in dieser vorzüglichen Anstalt herrscht.
Coblenz den 15ten Juny 1839

Stricker
Wirklicher Geheimer Kriegs Rath im
Kriegs Ministerium

Mit großem Vergnügen habe ich die ausgezeichnete Ordnung und Reinlichkeit in diesem Lazareth heute gesehen.
Coblenz 27/7 39

v. Colomb

den 13ten Nov. 1839 revidirt und die ...liche Anstalt nicht blos ordnungsmäßig sondern in einem vorzüglichen Zustand gefunden.

Müffling
General Lt u. Gouverneur

bei Besichtigung des Lazareths am heutigen Tage habe ich alle Einrichtungen in vorzüglichem Zustand gefunden

[illegible]

Generalmajor

Coblenz den 24. April 1840.

Das Lazareth habe ich heute in ausgezeichneter Ordnung gefunden

Coblenz 19/5 40

v. Colomb

General Lieutenant

Das Lazareth ist am 14ten August 1840 von mir gesehen u. in guter Ordnung gefunden worden

v. Thile

General Lieutenant

Es gereicht mir zum besonderen Vergnügen, hiermit aussprechen zu können, daß ich das hiesige Militair Spital bey einer genauen Besichtigung nicht nur in einem sehr lobenswerthen Zustand gefunden sondern daß ich dasselbe in mancher Beziehung als musterhaft bezeichnen möchte. Dr. Friedr. Jaeger

k.k. Rath Stabsfeldarzt Professor

Ritter des königl. Preuss. R. A. O.

Coblenz den 17/9 842.

Bei Besichtigung des Lazareths am heutigen Tage habe ich alle Einrichtungen in vorzüglichem Zustand befunden.
Coblenz den 24. April 1840

v. Hüser
Generalmajor

Das Lazareth habe ich heute in ausgezeichneter Ordnung gefunden
Coblenz 19/5 40

v. Colomb
General Lieutnant

Das Lazareth ist am 14ten August 1840 von mir gesehen u. in guter Ordnung getroffen worden

v. Thile
General Lieutenant

Es gereicht mir zum besonderen Vergnügen, hiermit aussagen zu können, daß ich das hierortige Militär Spital bey sehr genauer Besichtigung, nicht nur in einem sehr lobenswerthen Zustand gefunden sondern daß ich dasselbe in mannigfacher Beziehung als musterhaft bezeichnen möchte.
Coblenz den 17/9 1842.

Dr. Friedr. Jaeger
k.k. Rath Stabsfeldarzt Professor p.o.
Ritter des Königl. Preuß. r. A. Or.
[roten Adler Ordens] pp.

Das hiesige Garnison Lazareth habe ich in den Tagen vom 15. bis heute speciell revidirt und über den Befund eine besondere Verhandlung aufgenommen und eingereicht.

Coblenz den 22. December 1845.

[illegible]

Intendantur Rath

Eingesehen

Coblenz den 21. Juli 1847.

[illegible]

Intendantur-Assessor.

bei der heutigen Besichtigung des hiesigen Garnison-Lazareths habe ich dasselbe in einem recht guten Zustande gefunden, was ich hierdurch gern anerkenne.

Coblenz den 20sten September 1847.

Dr. Grimm

Gen. Stabsarzt der Armee.

Bei meiner heutigen Besichtigung der Kranken des 17. Infanterie Regiments im hiesigen Garnison Lazareth habe ich deren Pflege in jeder Beziehung den Erwartungen entsprechend gefunden. Wünschenswerth aber bleibt die Abhülfe eines sehr mangelhaften Zustandes der Bettdecken und im Allgemeinen der Wäsche!

Coblenz den 11. April 1850

[illegible]

General Major und Brigade Commandeur

Das hiesige Garnison Lazareth habe ich in den Tagen vom 15ten bis heute speziell revidirt und über den Befund eine besondere Verhandlung aufgenommen und eingereicht.
Coblenz den 22ten December 1845.

Schellhase
Intendantur Rath

Eingesehen.
Coblenz 21.t Juli 1847.

Pflugradt
Intendantur-Assessor

Bei der heutigen Besichtigung des hiesigen Garnisonlazareth habe ich dasselbe in einem recht guten Zustande gefunden, was ich hierdurch gern anerkenne.
Coblenz den 20ten September 1847.

Dr. Grimm
2ter Generalstabsarzt der Armee

Bei meinem heutigen Besuch der Kranken 14t Infanterie Regiments im hiesigen Garnison Lazareth habe ich deren Pflege in jeder Beziehung den Erwartungen entsprechend gefunden. Wesentlich aber bleibt die Abhülfe eines sehr mangelhaften Zustandes der Bettdecken und im Allgemeinen der Wäsche!
Coblenz d 11t April 1850

Chlebus
General Major und Divisions Commandeur

Bei meinem heutigen Besuch der Kranken 28ten Infanterie Regiments im hiesigen Garnison Lazareth habe ich deren Pflege in jeder Beziehung den Erwartungen entsprechend gefunden.

Coblenz, d. 10t Mai 1851.

v. Boenigk.
Oberst und Commandeur
des 28t Infr. Regmts.

Gesehen bei der
Local-Revision
Coblenz den 24t Mai 1851

[illegible]
Intendantur-Rath

wie oben [illegible] Mai. und 21/2 52.

Gesehen und Alles in der gehörigen Ordnung befunden
Coblenz den 26 März 1852.

v. Boenigk.
Oberst und Commandeur
des 28t Infr. Regmts.

Wie vorstehend. Coblenz d. 4t July 1853

v. Boenigk.

Gesehen bei der Local-Revision
Coblenz, den 21t September 1853

[illegible]
Intendantur-Rath.

Gesehen bei der Local-Revision
Coblenz den 10t April 1854

Grossmann
Intendantur-Rath.

Bei meinem heutigen Besuch der Kranken 28ten Infanterie Regiments im hiesigen Garnison Lazareth habe ich deren Pflege in jeder Beziehung den Erwartungen entsprechend gefunden.
Coblenz, d. 10t Mai 1851

Fhr. v. Boenigk
Oberst und Commandeur des
28t Inftr. Regiments

Gesehen bei der Local-Revision
Coblenz den 24t Juni 1851

Leske
Intendantur-Rath

wie oben *v. Rohrscheidt, Major.* *am 21/2. 52*

Gesehen und Alles in der gehörigen Ordnung befunden.
Coblenz, den 26 März 1852

Fhr. v. Boenigk
Oberst und Commandeur des 28t Inftr. Rgmts.

Wie vorstehend. Coblenz d 4t July 1853

Fhr v. Boenigk

Gesehen bei der Local-Revision.
Coblenz, den 21t September 1853

Leske
Intendantur-Rath

Gesehen bei der Lokal-Revision
Koblenz den 10t April 1854

Großmann
Intendantur-Rath

Gesehen und alles in guter Ordnung gefunden
Coblenz d. 20t. März 1855

[illegible]
Oberst u. Kommandeur des 8ten
Art. Regts.

Bei meiner heutigen Inspektion des Zeughauses habe ich überall große Reinlichkeit u. gute Ordnung gefunden.
Coblenz den 8t. Mai 1855.

[illegible]
Oberst u. Inspekteur der
4t. Art. Inspektion.

Gesehen bei der Casernen-Revision.
Coblenz, den 28 Mai 1856.

Menke
Intend. Assessor.

Nichts zu bemerken und Alles in gehöriger Ordnung gefunden. Coblenz. 30 May 1856.

[illegible]
Oberst und Kommandeur des 8
Artillerie Regiments.

Das Zeughaus befindet sich in jeder Beziehung in einem recht guten Verfassung.
Coblenz den 14t. Juni 1856.

[illegible]
Oberst u. Inspekteur
der 4t. Art. Inspektion

Gesehen und alles in guter Ordnung gefunden.
Coblenz d 20t März 1855

Fhr. v. Boenigk
Oberst und Kommandeur des 28ten Inf. Rgts.

Bei meiner heutigen Revision des Lazareths habe ich überall sehr viel Reinlichkeit und gute Ordnung gefunden.
Coblenz den 8ten Mai 1855

Perle
Oberst und Inspecteur der
4ten Art. Inspection

Gesehen bei der Local-Revision.
Coblenz, den 28 Mai 1856.

Mente
Intendantur-Assessor

Nichts zu bemerken und Alles in gehöriger Ordnung gefunden.
Coblenz, 30 May 1856

v. Podewils
Oberst und Commandeur des 8ten Artillerie Regiments

Das Lazareth befindet sich in jeder Beziehung in einer sehr guten Verfassung.
Coblenz den 14ten Juni 1856

Perle
Oberst und Inspecteur der 4ten Art. Inspektion

Bei der heutigen Revision fand ich das Garnison-Lazareth in einem reglementsmäßigen Zustande und fand ich keine Ursache zu einer Rüge. Coblenz, den 6 October, 1856.

Dr. Richter
Generalarzt d. Corpsarzt.

Gesehen bei der Local-Revision.
Coblenz den 26 Januar 1857.

Meuser
Int. Assessor.

Bei der heutigen Revision des Lazareths habe ich in jeder Beziehung die beste Ordnung gefunden.

Coblenz d. 7/4 1857.

[illegible]
General Major und Inspecteur.

Nichts zu bemerken und Alles in der entsprechenden Ordnung gefunden. Coblenz. 29. May 1857.

[illegible]
Obrist und Commandeur des 8ten Artillerie Regiments

Nichts zu bemerken.
Coblenz, den 22ten Juni, 1858.

Herzog Holstein
General-Major und Commandeur

Gesehen.
Coblenz den 1/6 58.

[illegible]
[illegible]

Bei der heutigen Revision fand ich das Garnison-Lazareth in einem reglementsmäßigen Zustande und fand ich keine Ursache zu einer Klage.
Coblenz, den 6. Oktober 1856

Dr. Richter
General- u. Corpsarzt

Gesehen bei der Local-Revision.
Coblenz den 26 Januar 1857

Mente
Int. Assessor

Bei der heutigen Revision des Lazareths habe ich in jeder Beziehung sehr gute Ordnung gefunden.
Coblenz d 7/4 1857.

Perle
General Major u. Inspecteur

Nichts zu bemerken und Alles in der entsprechenden Ordnung gefunden.
Coblenz. 29. May 1857

Podewils
Obrist und Kommandeur des 8ten Artillerie Regiments

Nichts zu bemerken.
Coblenz, den 22. Juny 1858.

Prinz Holstein
General Major und Kommandant

Gel. Coblenz den 1/8 58.

Schmidt
W(irkl.) Geh. KrRath

Beim Besuch der Kasernen der Garnison [illegible]
Nichts zu erinnern gefunden 9/9 58 Rost.
Hauptm. Comdeur

Gesehen bei der Localrevision
Coblenz d. 26ten September 1858
[illegible]
Intendantur-Assessor

Alles in Ordnung gefunden.
den 30ten Novbr 1858
v. [illegible]
Oberstlieutenant u. Kommandeur der 8ten Art. Brigade

d. 6/1 59 v. Hartwig
Oberstlieutnant

Revidirt und in Ordnung
gefunden
den 7/1 59
v. [illegible]
[illegible]

Revidirt 55
d 8/1
[illegible]
[illegible]

Alles in Ordnung gefunden 24 Janr 1859.
Rost.
Hauptm. Comdeur.

Beim Besuch der Kranken der Pionier Abteilung Nichts zu erinnern gefunden

9/9 58

Bock
Hauptm. Landw.

Gesehen bei der Localrevision
Coblenz d. 26t September 1858

v. Goldenberg
Intendantur-Assessor

Alles in Ordnung gefunden.
den 30t. Novbr. 1858

v. Niebelschütz
Oberstlieutenant u. Kommandeur
des 8 ten Art. Regts.

d 6/1 59

v. Hartwig
Oberstlieutenant

Revidirt und in Ordnung gefunden.
den 7/1 59

v. Othegraven
Oberst u. Rgts Kdeur

Revidirt
d 8/1. 59

v. Etzel
Hauptmann im 28. Inft. Regt.

Alles in Ordnung gefunden *29. Jan 1859*

Bock
Hauptm. Landw.

Beim heutigen Besuch des Lazareths ergab
den Kranken des Füsilier Bataillons
28. Regiments, wurde der Kürze der
Zeit wegen sehr abgekürzt worden,
und hat einen genaueren Einblick in die
Einrichtungen des Lazareths nicht stattfinden können, weshalb auch jedes
Urtheil zurückgehalten wird.

Coblenz 11 Febr. 1859.

v. [illegible]
Oberst Lieut. u. Command.,
28. Inf. Regts.

Alles in Ordnung gefunden
Cobl. 14.2.59

Hartmann
Major u. Abth. Führer

Nichts zu erinnern. Coblenz, 16.2.59. [illegible]
General Major und Kommandant.

Gesehen bei der Local-Revision
Coblenz d. 28/2 59
[illegible]
Intendantur-Assessor

Alles in Ordnung gefunden, d. 16.3.1859.

v. [illegible]
Oberstlieutenant pp.

Bei meinem heutigen Besuch habe ich überall Propretät und Reinlichkeit gefunden
die erforderliche Reinlichkeit jedoch in der Küche vermißt.

Coblenz d. 20. März 1859.

[illegible]

Mein heutiger Besuch des Lazareths galt den Kranken des Füsilier Bataillons 28t Regiments, mußte der Kürze der Zeit wegen sehr abgekürzt werden, und hat eine genauere Einsicht in die Einrichtungen des Lazareths nicht stattfinden können, weshalb auch jedes Urtheil zurückgehalten wird.
Coblenz 11 Febr. 1859

v. Schlegell
Oberstlieutenant und Commdr.
28t Inf. Rgts.

Alles in Ordnung gefunden
Coblenz, 14. 2. 59

Tackmann
Major und Abth. Kdeur

Nichts zu erinnern. Koblenz, 16. 2. 59.

Prinz Holstein
General Major und Kommandant

Gesehen bei der Localrevision
Coblenz d. 28/2 59

v. Goldenberg
Intendantur-Assessor

Alles in Ordnung gefunden, den 16. 3. 1859

v. Großmann
Oberstlieutenant pp.

Bei meinem heutigen Besuch habe ich überall Propretät und Reinlichkeit gefunden, die nothwendige Reinlichkeit jedoch in der Küche vermißt.
Coblenz den 21t März 1859.

v. Wintzingerode

Beim heutigen Besuch des Lazareths hat der Unterzeichnete überall Ordnung u. Sauberkeit gefunden. – Coblenz 19/4 59

[illegible]
Major u. Abth. Commd. 8. Art. Rgt.

Beim heutigen Besuch fand der Unterzeichnete den Füsilier [illegible] 11. Comp. mit einem sehr schmerzhaften [illegible] und [illegible] nicht ganz [illegible] im Lazareth erhalten zu haben. — Coblenz d. 20/4 59.

v. [illegible]
[illegible]

Beim heutigen Besuch des Lazareths habe ich nichts zu erinnern gefunden. Coblenz d. 11. Juni 1859.

[illegible]
Oberst u. Regts. Commd.

Beim Besuch des Lazareths [illegible]
[illegible]
[illegible]
[illegible]
Coblenz d. 16.1.60 11 1/2 Uhr

[illegible]
Oberst.

Gesehen bei der Lazareth-Revision
Coblenz d. 14. April 1860. [illegible]
Gen. Arzt.

Ich habe das Lazareth in allen seinen Theilen in sehr guter Ordnung gefunden
Coblenz 26 Jul 60

[illegible]
General u. Director
des Mil. [illegible] Depts.

Beim heutigen Besuch des Lazareths hat der Unterzeichnete überall Ordnung und Propretät gefunden. *Coblenz 19/4 59*

v. Fragstein u. Niemsdorff
Major u. Abt. Cmdr. 8. Art. Regt.

Beim heutigen Besuch fand der Unterzeichnete den Füsilier Lehnerts 11. Comp. mit einem sehr schmutzigen Hemde und giebt an solches nicht ganz rein vom Lazareth erhalten zu haben.
Coblenz d. 20/4 59

v. Zglinitzki
Major

Beim heutigen Besuch des Lazareths habe ich nichts zu erinnern gefunden. *Coblenz d 11. Juni 1859*

v. Raven
Oberst u. Rgts. Kmdr.

Beim Besuch des Lazareths fand ich das Essen/: Linsen ohne Kartoffeln:/ dünn, und die Küche nicht in dem sauberen Zustande wie es hätte sein müssen.
Coblenz d. 16. 1. 60. 11 1/2 Uhr

von Zastrow
Oberst

Gesehen bei der Lazareth-Revision.
Coblenz den 14t April 1860

Mente
Int. Rath

Ich habe das Lazareth in allen seinen Theilen in sehr guter Ordnung gefunden.
Coblenz 26 July 60

v. Hering
GenLt u. Director des Mil. Oec. Depts.

Zustand des Garnison-Lazareths bei der heutigen Revision bereits in einem lobenswerthen Zustande und die Verwaltung nunmehr auf die Basis größerer Ordnung und des Reglements geschehen. Was auch in letzter Zeit vermißt wird, dürfte nachfolgen.

Coblenz, den 22 Octbr., 1860

v. Richter
General- u. Corpsarzt.

Bei meiner heutigen Anwesenheit im Lazareth [illegible] fand ich den dienstthuenden Arzt nicht im Lazareth.

Coblenz, 20. Februar 1861.

Graf Waldersee
Generalmajor und 1. Kommandant.

Das Lazareth befindet sich in Nichts zu erinnern gefunden

Coblenz 10 April 61

v. [illegible]
General Major u. Brigade Commandeur

Ordnung und Reinlichkeit zeichnete das Lazareth bei der heutigen Revision aus.

Coblenz, den 18 Mai, 1861.

v. Richter
General- u. Corpsarzt

Bei der Besichtigung des Lazareths nichts zu erinnern gefunden.

Coblenz den 27 Juli 1861

[illegible]
Prinz von [illegible]
General der Cavallerie.

Ich fand das Garnison-Lazareth bei der heutigen Revision bereits in einem lobenswerthen Zustande und die Verwaltung nunmehr auf die Bahn größerer Ordnung und des Reglements geführt. Was noch in letzter Hinsicht vermißt wird, dürfte nachfolgen.
Coblenz, den 22 Octbr. 1860 *Dr. Richter*
General- und Corpsarzt

Bei meiner heutigen Anwesenheit im Lazareth Mittags 12 1/2 Uhr fand ich den wachthabenden Arzt nicht im Lazareth.
Coblenz, 20ᵗ Februar 1861 *Prinz Holstein*
Generalmajor und 1ter Kommandant

Das Lazareth besichtigt und Nichts zu erinnern gefunden.
Coblenz 10 April 61
v. Klaß
GeneralMaj u Brigade Commandr.

Ordnung und Reinlichkeit zeichneten das Lazareth bei der heutigen Revision aus.
Coblenz, den 18 Mai, 1861. *Dr. Richter*
General- und Corpsarzt

Bei der Besichtigung des Lazareths nichts zu erinnern gefunden.
Coblenz den 27t Juli 1861 *August*
Prinz von Württemberg
General der Cavallerie

Gesehen bei der Local Revision
Coblenz den 28t December 1861

[illegible]
Reg. Assessor.

Gesehen den 17t Januar 1862
Dr. Scholler
Generalarzt.

Den Zustand des Lazareths in musterhafter Ordnung gefunden. Von dem Innern der Stationen habe ich um 9½ Uhr [illegible] des Herrn Oberstabsarzt Dr. Witten und den wachthabenden Arzt gesehen.

Coblenz, den 11t März 1862. 9¾ U.

der Generallieutenant u. 1t Kommandeur
[illegible] Holstein.

So fanden der Herr Generallieutenant u. Kommandeur der XV Division bei der heutigen Besichtigung des Lazareths nichts zu erinnern gefunden. Coblenz 15/5. 62. gez. Schenrich
Intendantur-Rath.

Bei der Local-Revision gesehen und überall Ordnung und Reinlichkeit wahrgenommen.

Coblenz den 26t August 1862.

[illegible]
Intendantur-Rath

Alles in Ordnung.
d. 30. 5. 63. [illegible]
Generallieutenant.

Bei dem heutigen Lazarethbesuche habe ich Alles in bester Ordnung befunden.
Coblenz den 11ten Mai 1864

[illegible]
Generalmajor u. Inspecteur der [illegible] Festungen

Bei der Lokal-Revision wurde Alles in bester Ordnung befunden.
Coblenz 31. October 1864.
[illegible]
Intendantur Assessor.

Gesehen bei der Local Revision
Coblenz den 28ten December 1861

Lampe
Int. Assessor

Gesehen den 17t Januar 1862

Dr. Scholler
Generalarzt

Den Zustand des Lazareths in musterhafter Ordnung gefunden. Von den Herren Ärzten habe ich um 9 1/2 Uhr bloß den Herrn Oberstabsarzt Dr. Nitten und den wachthabenden Arzt gesehen.
Coblenz, den 11t März 1862. 9 3/4 Uhr.

Der Generallieutenant und 1t Kommandant
Prinz Holstein

S Excellenz der Herr Generallieutenant und Commandeur der XV Division haben bei der heutigen Besichtigung des Lazareths nichts zu erinnern gefunden.
Coblenz 15/5 62.

gez. Scheurich
Intendantur-Rath

Bei der Local-Revision gesehen und überall Ordnung und Reinlichkeit wahrgenommen.
Coblenz den 26t August 1862

Winkelmann
Intendantur-Rath

Alles in Ordnung.
d. 30. 5. 63

v. Roehl
Generallieutenant

Bei dem heutigen Lazarethbesuch habe ich Alles in bester Ordnung befunden.
Coblenz den 4ten Mai 1864

v. Uechtritz
Gen.major und Inspecteur der
4ten Art. Inspection

Bei der Lokal-Revision wurde Alles in bester Ordnung befunden.
Coblenz 31 October 1864

Horion
Intdtr. Assessor

Revidirt und in vorzüglicher Ordnung befunden.

Coblenz den 30. März 1865.

[illegible]

General-Lieutenant u. Gouverneur

Revidirt und in guter Ordnung befunden.

Coblenz den 19/5 65.

[illegible]

General-Major u. Commandant

Revidirt und in sehr guter Ordnung befunden.

C. 24/7. 65. Bronsart v. Schellendorff

Bei Besichtigung des Lazareth Keller in guter Ordnung befunden

Woide

C. 9/10. 65 Oberst und [illegible]

Gesehen bei [illegible] Revision

31/12 65

[illegible]

[illegible]

Revidirt und in Ordnung gefunden.

Coblenz den 9. April 1866

Hendewerk

Oberstlieutenant und Regiments-Commandeur

Revidirt und in sehr guter Ordnung gefunden

den 23/4 66 Woide

Oberst und [illegible]

[illegible] gefunden

Coblenz d. 24. 4. 66

[illegible]

Oberst u. [illegible]

Revidirt und in vorzüglicher Ordnung befunden.
Coblenz den 30. März 1865

A.v.Oelrichs
General Lieutenant u. Gouverneur

Revidirt und in guter Ordnung befunden.
Coblenz den 19/5 65

v. Hartmann
General Major und Commandant

Revidirt und in sehr guter Ordnung befunden.
C. $\frac{27}{7.}$ 65.

Bronsart v. Schellendorff

Bei Besichtigung des Lazareths Alles in guter Ordnung befunden.
C. $\frac{9}{10}$ 65

Woide
Oberst und Train Inspecteur

Gesehen bei der Lokal-Revision
31/12 65

Horion
Intdtr. Assessor

Revidirt und in Ordnung gefunden.
Coblenz den 9^{t} April 1866

Hendewerk
Oberstlieutenant und Regiments-Kommandeur

Revidirt und in sehr guter Ordnung gefunden.
den 23/4 66

Woide
Oberst und Train Inspecteur

Nichts zu erinnern gefunden.
Coblenz d 24. 4. 66

v. Stuckradt
Oberst u. Brigade Commandeur

Alles in Ordnung.
Coblenz, 23-6-66.

Prinz Holstein
Generallieutenant u. Gouverneur.

Bei mehrfachen Besuchen stets Alles in Ordnung gefunden.
Coblenz, den 8ten August 1866.

Prinz Holstein
Generallieutenant u. Gouverneur

Alles in guter Ordnung gefunden.
Coblenz d. 17.11.66.

v. Stückradt
Generalmajor u. Brigade-Commandeur

Bei Revision des Lazareths habe ich Alles in guter Ordnung gefunden. Die Unterbringung der Kranken in der früheren Kirche läßt allerdings manches zu wünschen übrig.
Coblenz den 24. November 1866.

v. Frhr. Canstein
General-Lieutenant und Commandeur
der 15. Division.

Nichts zu bemerken gefunden.
Coblenz den 15.4.67.

v. Stückradt
Generalmajor u. Brigade-Commandeur

Gesehen u. nichts zu bemerken gefunden.
Coblenz d. 17ten April 1867

Hendewerk
Oberst u. Regiments-Commandeur.

Alles in Ordnung.
Coblenz, 23. 6. 66.

Prinz Holstein
Generallieutenant u. Gouverneur

Bei mehrfachen Besuchen stets alles in Ordnung gefunden.
Coblenz, den 8. August, 1866

Prinz Holstein
Generallieutenant u. Gouverneur

Alles in guter Ordnung gefunden.
Coblenz d 17. 11. 66.

v. Stuckradt
Generalmajor und Brigade-Commandeur

Bei Revision des Lazareths habe ich Alles in guter Ordnung gefunden. Die Unterbringung der Kranken in der frühern Kirche läßt allerdings manches zu wünschen übrig.
Coblenz den 24. November 1866

Frhr. v. Canstein
General-Lieutenant und Commandeur der 15. Division

Nicht zu bemerken gefunden
Coblenz den 15. 4. 67.

v. Stuckradt
Generalmajor und Brigade-Commandeur

Gesehen und nichts zu bemerken gefunden.
Coblenz d 17ten April 1867

Hendewerk
Oberst u. Regiments-Kommandeur

Bei der heutigen Revision des Lazareths habe ich alles in guter Ordnung gefunden.

Coblenz den 7. Juni 1867

v. Loewenfeld

General-Lieutenant und Commandeur der 2. Garde Infanterie Division.

Bei der heutigen Besichtigung des Lazareths, habe ich dasselbe in guter Ordnung gefunden.

Coblenz, den 9. Juli 67.

August

Prinz von Württemberg

General der Cavallerie.

Gesehen und nichts zu erinnern gefunden

Coblenz den 20sten August 1867.

Woide

General Major und Train Inspecteur

Gesehen und gute Ordnung gefunden.

Coblenz 5/12 67.

v Prondzynski

Generallieutenant u. Inspecteur

[illegible]

[illegible] Intend. Rath

Bei der heutigen Revision des Lazareths habe ich Alles in guter Ordnung gefunden.
Coblenz den 7. Juni 1867

v. Loewenfeld
General-Lieutenant und Commandeur der
2. Garde Infanterie Division

Bei der heutigen Besichtigung des Lazareths habe ich dasselbe in guter Ordnung gefunden.
Coblenz, den 9. Juli 67.

August
Prinz von Württemberg
General der Cavallerie

Gesehen und nichts zu erinnern gefunden
Coblenz den 20ten August 1867

Woide
General Major und Train Inspecteur

Gesehen und gute Ordnung gefunden.
Coblenz 5/12 67.

v. Prondzynski
Generallieuten. u. Gouverneur

Gesehen bei der Lokalrevision

Lampe
Intend. Rath

Revidirt u. in recht guter Ordnung gefunden
Coblenz den 30ten April 1868.

Hendewerk
Oberst u. Regiments-
Commandeur.

Die Kranken des 4. Garde Gren. Regts
Königin besucht. Frhr. von Loën
General-Major u. Comdr der
Coblenz 16. Juli 1868. 4. Garde Inf. Brig.

Revidirt und in recht guter
Ordnung gefunden.
Coblenz den 9ten Juni 1868

v. Loewenfeld
General Lieutenant

Gesehen und in guter Ordnung gefunden. Coblenz den 22. October 1868.
v. Frondzynski
Generallieutenant und Gouverneur.

Gesehen 15/3 69
[illegible]

Revidirt und in guter Ordnung befunden
Coblenz, 30. März 1869.

v. Frondzynski
Generallieutenant und Gouverneur

Revidirt und in guter Ordnung befunden
Coblenz den 15ten Mai 1869

Hendewerk
Oberst und Regiments
Commandeur.

Revidirt und in recht guter Ordnung gefunden
Coblenz den 30.ten April 1868.

Hendewerk
Oberst u Regiments-Kommandeur

Die Kranken des 4. Garde Grd. Regts. Königin besucht

Frhr. von Loën

Coblenz 16. Juni 1868

General Major u. Commandr. der
4. Garde Inf. Brig.

Revidirt und in sehr guter Ordnung gefunden.
Coblenz den 9. Juli 1868

v. Loewenfeld
General-Lieutenant

Gesehen und in guter Ordnung gefunden. Coblenz, den 22. October 1868

v. Prondzynski
Generallieutenant und Gouverneur

Gesehen 18/3 69

Müller
(Geheimer Kriegs) Rath

Revidirt und in guter Ordnung befunden.
Coblenz, den 30. März 1869

v. Prondzynski
Generallieutenant und Gouverneur

Revidirt und in guter Ordnung befunden
Coblenz, den 15ten Mai 1869

Hendewerk
Oberst und Regiments Kommandeur

Bei meiner heutigen Inspizierung des Garnisonlazareths habe ich Alles in guter Ordnung gefunden.

Coblenz, den 9. Juni 1869.

v. Sommerfeld

Generallieutenant und Commandeur der 2. Garde-Infanterie-Division.

Bei dem Besuche des Rgts 68 Alles in guter Ordnung gefunden.

16. Juli. 69.

v. Weltzien

[illegible] und in guter Ordnung befunden.

Coblenz, 10. Septbr. 69.

v. Prondzynski

Generalleutnant und Gouverneur

Beim heutigen Besuch zufrieden

Coblz 2. 4. 70 v. Herwarth

Bei der heutigen Besichtigung nichts zu erinnern gefunden.

Coblenz 9. 4. 70.

Woide

Beim heutigen Besuch nichts zu erinnern gefunden

Coblenz den 25. April 1870

v. [illegible]

Oberst und Regiments-[illegible]

Bei meiner heutigen Inspizierung des Garnisonlazareth's habe ich Alles in guter Ordnung gefunden.
Coblenz, den 9. Juni 1869

v. Loewenfeld
General Lieutenant und Commandeur der
2. Garde-Infanterie Division

Bei den Kranken des Rgts. 68 Alles in guter Ordnung gefunden.
16. Juli 69

v. Weltzien

Revidirt und in guter Ordnung befunden.
Coblenz, 10. Septbr. 69.

v. Prondzynski
Generallieuten. und Gouverneur

Beim heutigen Besuch zufrieden
Coblenz 2. 4. 70

v. Herwarth

Bei der heutigen Besichtigung nichts zu erinnern gefunden.
Coblenz 9. 4. 70.

Woide

Beim heutigen Besuch nichts zu erinnern gefunden
Coblenz den 25. April 1870

v. Seel
Oberst und Regiments Kommandeur

Bei der heutigen Besichtigung Alles in bester Ordnung angetroffen.

Coblenz den 5ten Mai 1870.

v. Broecker
Oberst und Regiments Commandeur.

Bei heutiger Besichtigung eine vorzügliche Ordnung gefunden.

21.5.70.

v. Wettmen
Generalleutnant

Obgleich es dem Aufseher genau bekannt war, daß die Besichtigung des Lazareths stattfinden würde, hat er sich nicht bei mir gemeldet. Sonst Alles in Ordnung.

13.6.70.

v. Borger
General Major

Herr Oberstabsarzt Henrici hatte am Vormittag im Lazareth, Laz. Insp. Thiel zu [illegible] gesagt, daß Herr General v. Borger Nachmittag seine Krankenbesuche machen wolle, was z. Thiel [illegible] vergessen, da er die Wache gewesen sei. In solchen Fällen, haben [illegible] Herren Aerzte [illegible] Beamten. Es ist jetzt jedoch angeordnet, daß künftig in ähnlichen Fällen, der [illegible] sich melden soll.

Coblenz, den 13.6.70.

[illegible]
Der [illegible]

Bei der heutigen Besichtigung Alles in bester Ordnung angetroffen.
Coblenz den 5.ten Mai 1870 *v. Broecker*
Oberst und Regiments Commandeur

Bei heutiger Besichtigung eine vorzügliche Ordnung gefunden.
21. 5. 70 *v. Weltzien*
Generalltn.

Obgleich es dem Inspector gemeldet war, daß die Besichtigung des Lazareths stattfinden würde, hat er sich nicht bei mir gemeldet. Sonst alles in Ordnung.
13. 6. 70 *v. Berger*
General Major

Herr Oberstabs Arzt Henrici hatte am Vormittag im Vorbeigehen zu Herrn Laz.-Insp. Thies gesagt, daß Herr General v. Borger Nachmittags seine Kranken sehen wolle, er - Thies - wolle doch nachsehen, daß die Wäsche geordnet sei. In solchen Fällen haben die besichtigenden Herrn bisher nur die Herrn Ärzte gewünscht, und keinen Beamten. Es ist jetzt jedoch angeordnet, daß künftig in ähnlichen Fällen der diesen Dienstzweig verwaltende Inspektor sich melden soll.
Coblenz, den 13. 6. 70 *Burchhardt*
Ober Lazareth Inspektor

3/7 1871. General Lieutenant von [illegible]
Gouverneur von [illegible] fand bei seiner
Besuche das Garnison-Lazareth in der
besten Ordnung. – Die Küche und Kost war
zugleich.

9/8 71. von Kummer, General-
Lieutenant u. Kaiserl. Kommandt.
Das Lazareth war in guter
Ordnung.

4/5 72 Das Lazareth befand sich und Alles in sehr guter Ordnung
gefunden.
v. [illegible]
Oberst und Regiments Kommandeur

13/4 72. von Kummer General-
Lieutenant. Das Lazareth
war in guter Ordnung.

18/6.72 von Budritzki
General-Lieutenant und
Divisions Commandeur
Der Zustand des Lazareths
war befriedigend.

Gesehen bei der [illegible] Revision am 22. Juni 1874
[illegible]

3/1 1871 General Lieutenant von Frankenberg, Gouverneur von Cöln fand bei seinem Besuche des Garnisonlazareths dasselbe in bester Ordnung. - Die Küche und Kost vorzüglich.

9/8 71. von Kummer, General-Lieutenant u. Divisions-Commandeur. Das Lazareth war in guter Ordnung.

4/5 72 Das Lazareth besucht und Alles in sehr guter Ordnung gefunden.

v. Seel
Oberst und Regiments Kommandeur

13/4 72.

von Kummer, General-Lieutenant.
Das Lazareth war in guter Ordnung.

18.6. 72

von Budritzki
General-Lieutenant und Divisions Commandeur
Der Zustand des Lazareths war befriedigend.

Gesehen bei der Local-Revision am 22. Juni 1874

Pahl Rechnungsrath

15/4 75 Von Zychlinski Generallieutenant u. Kommandeur der 15. Division, Alles in bester Ordnung gefunden.

29/5 75 Gesehen und in Ordnung gefunden

Bauer
Oberst und Brigade Commandeur

31/5 75 das Lazareth besucht und nichts zu bemerken

Minor
Oberst u. Brigade-Kommandeur.

Gesehen bei der Lokal-Revision am 26. Juli 1875.

[illegible]
Rechnungsrath.

[illegible]
Revisor

815/875 Nichts zu bemerken gefunden.

[illegible], Generallieutenant

Gesehen
8. Novemb 1875.
Dr. Scholtz
Corps-Generalarzt

Gesehen bei der Lokal-Revision am 19. Mai 1876

[illegible]
Rechnungsrath

Gesehen und Alles in Ordnung befunden
O. J. 1. 6. 76

Bauer
Generalmajor & Brigade Commandeur

5.8.76 Lazareth besucht und Nichts zu bemerken gefunden

v. Gantier
Gen.-Maj. & [illegible]

Gesehen
1. September 1876
Dr. Scholtz
Corps-Generalarzt.

15/4 75 *von Zychlinski Generallieutenant u. Commandeur der 15. Division. Alles in guter Ordnung gefunden.*

29/5 75 *Gesehen und in Ordnung gefunden.*

v. Bauer
Oberst und Brigade Commandeur

31/5 75 *Das Lazareth besucht und nichts zu bemerken*

Wiebe
Oberst und Brigade-Kommandeur

Gesehen bei der Lokal-Revision am 26. Juli 1875.

Pahl, Rechnungsrath
Ruser, Rrfrdr (Rechnungsreferendar)

d 15/8 75. *Nichts zu bemerken gefunden.*

Freiherr v. Puttkamer
Generallieutenant

Gesehen 8ten November 1875 *Dr. Scholler*
Corps-Generalarzt

Gesehen bei der Lokal-Revision am 19. Mai 1876

Pahl
Rechnungsrath

Gesehen und Alles in Ordnung befunden.
C. d. 1. 6. 76 *v. Bauer*
Generalmajor u. Brigade Commandeur

5. 8. 76 *Lazareth besucht und nichts zu bemerken gefunden*
v. Gaertner, Generalmajor d. Ing. Insp.

Gesehen 1ten September 1876 *Dr. Scholler*
Corps-Generalarzt

v. 12.4.77. [illegible] Generalmajor und
Commandeur der 4. Garde Inf. Br.

Gesehen bei der Kassen=pp Revision 15. Mai 1877. Pahl Rechnungsrath.

Gesehen den 16. ~~April~~ Mai 1877 und Alles in bester Ordnung befunden

Mirus
Generalmajor und Kommandeur
der 4. Fußartill. Brigade

Gesehen den 15ten Juni und Alles in Ordnung befunden

Bauer
Generalmajor und Brigade Commandeur

Gesehen bei der Kassen=pp Revision 1. Juni 1878. Pahl Rechnungsrath.

Gesehen und Alles in Ordnung befunden.
d. 18/6 78

Bauer

Gesehen bei der Kassen=pp Revision 23. Juni 1879. Pahl Rechnungsrath.
do. 25. Juni 1880 Pahl do.

Gern gesehen Coblenz, den 20 Septbr 1880 Schroeder, Corps Intendant.

Das Lazareth in vorzüglicher Ordnung gefunden
Coblenz d. 17. Januar 1881.

[illegible]

Gesehen bei der Kassen=pp Revision den 14. Mai 1881. Pahl Rechnungsrath

Gesehen bei der Kassen=pp Revision den 9. Mai 1882. Hewald, Intendantur-Assessor.

Gesehen bei der Local Revision den 12/4 83

Lomber
Intendantur Assessor.

d. 12. 4. 77. von Conrady Generalmajor und Kommandeur der
4. Garde Inf. Brig.

Gesehen bei der Kassen-pp. Revision 15. Mai 1877
Pahl Rechnungsrath

Gesehen den 16. Mai 1877 und Alles in bester Ordnung befunden.
Wiebe
Generalmajor und Kommandeur der
4. Fußartill. Brigade

Gesehen den 15ten Juni und Alles in Ordnung befunden.
v. Bauer
Generalmajor und Brigade Commandeur

Gesehen bei der Kassen pp. Revision 1. Juni 1878.
Pahl Rechnungsrath

Gesehen und Alles in Ordnung befunden.
d. 18. 6. 78
v. Bauer

Gesehen bei der Kassen- pp Revision 23. Juni 1879
Pahl Rechnungsrath

dto. 25. Juni 1880
Pahl do.
Gern gesehen, Coblenz den 20 Septr 1880
v. Schwedler, Corps Intendanturrat

Das Lazareth in vorzüglicher Ordnung gefunden.
Coblenz d. 17. Januar 1881
v. Thile

Gesehen bei der Kassen-pp. Revision den 14. Mai 1881.
Pahl Rechnungsrath

Gesehen bei der Kassen- pp. Revision den 9. Mai 1882.
Thewaldt, Intendantur-Assessor

Gesehen bei der Local Revision den 12/4 83
Dornbach Intendantur Assessor

Am 5.6.83. besucht und in bester Ordnung gefunden.

Gf. Brandenburg
General der Cavallerie & Commandirender General des Garde-Corps

v. Oppell Generallieut. u. Divisions-Commandeur.

Am 6.8.83. besichtigt und Alles in Ordnung gefunden.

v. Gélieu
General-Major und 1ter Commandant

Am 5.9.83. besichtigt und Alles in Ordnung gefunden.

v. Gélieu
General-Major und 1ter Commandant.

Am 12.11.83 das Lazareth revidirt und bis auf einige Kleinigkeiten, welche im Wesentlichen den Dienst der Polizeiunteroffiziere betreffen, Alles in der gewohnten guten Ordnung angetroffen

Freiherr [illegible]
Oberst und 2ter Commandant.

Am 5. 6. 83 besucht und in bester Ordnung gefunden.

Graf von Brandenburg
General der Cavallerie u. Commandierender General
des Garde-Corps

von Oppell Generallieutn. und
Divisions-Commandeur.

Am 6. 8. 83. besichtigt und Alles in Ordnung gefunden.

von Gélieu
Generalmajor und 1ter Commandant

Am 5. 9. 83 besichtigt und Alles in Ordnung gefunden.

von Gélieu
Generalmajor und 1ter Commandant

Am 12. 11. 83. das Lazareth revidirt und bis auf einige Kleinigkeiten, welche im Wesentlichen den Dienst des Polizeiunteroffiziers betreffen, Alles in der gewohnten guten Ordnung getroffen.

Freiherr v. Buddenbrock
Oberst und 2ter Commandant

Ich habe heute das Lazareth gesehen und in gutem Ordnung gefunden.

Erlangen d. 15 Februar 1884.

Ff

Neu

Generallieutenant. Generaladjutant S. M. des Kaisers.

4.3.84. Die Kranken im Kirchstände besucht und dabei Alles in bester Ordnung gefunden.

von Gélieu

General-Major und Commandant.

Gesehen bei der Kasernen- und Lokal-Revision 7 April 1884. Pahl Oberstabsarzt

8.4.84. Die Kranken im Kirchenvorraum besucht und dabei Alles in Ordnung gefunden.

von Gélieu

29.5.84. Sämmtliche Stationen habe ich in bester Ordnung gefunden.

von Gélieu

19.6.84 Nichts zu erinnern.

von Gélieu

10.7.84. Das Lazareth revidirt und Alles in Ordnung gefunden

Freiherr von [illegible]
Oberst und 2. Commandant.

22.7.84. Isolir-Baracke besichtigt.

von Gélieu

Ich habe heute das Lazareth gesehen und in guter Ordnung gefunden.
Coblenz d. 15 Februar 1884.

Loë
Generallieutenant, Generaladjutant S.M.
des Kaisers.

4. 3. 84. Die Kranken im Kirchsaale besucht und dabei Alles in bester Ordnung gefunden.

von Gélieu
Generalmajor und 1ter Commandant

Gesehen bei der Kassen- und Lokal-Revision 7. April 1884.
Pahl Rechnungsrath

8. 4. 84. Die Kranken im Kirchensaale besucht und dabei Alles in Ordnung gefunden.

von Gélieu

29. 5. 84 Sämmtliche Stationen habe ich in bester Ordnung gefunden.
von Gélieu

19. 6. 84. Nichts zu erinnern.

von Gélieu

10. 7. 84. Das Lazareth revidirt und Alles in Ordnung gefunden.
Frhr. v. Buddenbrock
Oberst und 2ter Commandant

22. 7. 84 Isolier-Baracke besichtigt.

von Gélieu

26. 8. 84. Die inneren Kranken gesehen und die Aborte revidirt. Nichts zu erinnern.

von Gélieu

17. 9. 84. Das Lazareth revidirt und im Ganzen Nichts zu erinnern gefunden.

Festungskommandant
Oberst und 2ter
Commandant.

22. 10. 84. Die Latrinen und die Küche revidirt. Nichts zu erinnern.

von Gélieu.

10. 11. 84. Die äusseren Kranken gesehen. Nichts zu erinnern als daß die Öfen nicht überheizt werden dürfen.

v. Gélieu

15. 12. 84. Lazareth revidirt. Nichts zu bemerken.

von Wolff

23. 1. 85. Revidirt. Nichts zu bemerken.

von Wolff.

29. 1. 85. Revidirt. War in vorzüglicher Ordnung befunden.

von Gélieu

20. 2. 85 Revidirt v. Wolff

13. 3. 85. Revidirt v. Wolff.

10. 4. 85. Revidirt v. Wolff.

11. 4. 85. Revidirt. von Gélieu

18. 5. 85. Revidirt v. Wolff.

26. 8. 84. *Die inneren Kranken gesehen und die Aborte revidirt. Nichts zu erinnern.*

von Gélieu

17. 9. 84. *Das Lazareth revidirt und im Hause Nichts zu erinnern gefunden.*

Frhr. v. Buddenbrock
Oberst und 2ter Commandant

22. 10. 84. *Die Latrine und die Küche revidirt. Nichts zu erinnern.*

von Gélieu

10. 11. 84. *Die äußeren Kranken gesehen. Nichts zu erinnern als daß die Oefen nicht überheizt werden dürfen.*

von Gélieu

15. 12. 84. *Lazareth revidirt. Nichts zu bemerken.*

von Wolff

23. 1. 85. *Revidirt. Nichts zu bemerken.*

von Wolff

29. 1. 85. *Revidirt. Alles in vorzüglicher Ordnung befunden.*

von Gélieu

20. 2. 85. *Revidirt* *v. Wolff*

13. 3. 85. *Revidirt.* *v. Wolff*

10. 4. 85. *Revidirt.* *v. Wolff*

11. 4. 85. *Revidirt.* *von Gélieu*

18. 5. 85 *Revidirt* *von Wolff*

3. 6. 85. Revidirt und Alles in Ordnung befunden.

von Gélieu

19. 6. 85 Revidirt. " "

von Gélieu

" " " v. Wolff

Gesehen bei der [illegible] und [illegible] - Besichtigung [illegible]
Coblenz 27. 6. 85 [illegible]

7. 7. 85. Revidirt. von Gélieu

von Wolff

13. 7. 1885 Gesehen Ullat
General- und Corps-Arzt

21. 7. 1885. Revidirt von Gélieu

8. 8. 1885. " von Gélieu

" " " von Wolff

14. 8. 1885. Bei meinem heutigen Besuch (11 3/4 Uhr früh) [illegible]
[illegible]
[illegible] Ullat
Generalarzt

30. 8. 1885
Revidirt
von Wolff.

9. 9. 85. Revidirt. von Gélieu

15. 9. 85. Revidirt
von Wolff.

7. 6. 85. Revidirt und Alles in Ordnung befunden.

von Gélieu

19. 6. 85 Revidirt „ „

von Gélieu

„ „ „

v. Wolff

Gesehen bei der Kassen- und Lokal-Revision laut Revisions-Verhandlung.
Coblenz 27. 6. 85. *Pahl Rechnungsrath*

7. 7. 85. Revidirt *von Gélieu*

„ *v. Wolff*

13. 7. 1885. Gesehen *Eilert*
General- und Corpsarzt 8 AC

21. 7. 1885. Revidirt *von Gélieu*

8. 8. 1885. „ *von Gélieu*

„ „ *von Wolff*

14. 8. 1885. Bei meinem heutig. Besuch (11 3/4 Uhr früh) fehlte der wachthabende Arzt. Ich erwarte morgen früh Auskunft (nach meinem Bureau) woran das gelegen.

Eilert
Generalarzt

30. 8. 1885. Revidirt *von Wolff*

9. 9. 85. Revidirt. *von Gélieu*

15. 9. 85. Revidirt. *von Wolff*

10. 10. 85. Revidirt und in Ordnung befunden.

von Gélieu

von Wolff.

29. 10. 85. Revidirt.

von Gélieu

16. 11. 85 Revidirt von Wolff.

3. 12. 85. Revidirt. von Gélieu

4. 12. 85. Revidirt von Wolff.

16. 1. 86. Revidirt. von Gélieu

20. 1. 86 Revidirt von Wolff.

18. 2. 86. Revidirt von Wolff.

23. 2. 86 Revidirt - von Gélieu

20. 3. 86 Revidirt von Wolff

20. 4. 86. Revidirt von Wolff

21. 4. 86. Generalmajor von Kropff(?)

Gesehen bei der Cassen- und Lokal-Revision am 7. Mai 1886. Lettmann(?), Intendantur-Offizier.

26. 5. 86 Revidirt von Wolff

8. 6. 86. Revidirt und in Ordnung befunden. v. Burckhardt(?)

Vorstehende Bemerkung von mir ist durch mich selbst gestrichen worden. von Gélieu

11. 6. 86. Revidirt. von Gélieu

21. 6. 86 Gesehen [illegible]

28. 6. 86 Revidirt von Wolff

29. 7. 86. Revidirt von Wolff

10. 10. 85. Revidiert und in Ordnung befunden.
von Gélieu

" "
von Wolff

29. 10. 85. Revidirt. *von Gélieu*

16. 11. 85. Revidirt *von Wolff*

3. 12. 85. Revidirt *von Gélieu*

4. 12. 85. Revidirt. *von Wolff*

16. 1. 86. Revidirt. *von Gélieu*

20. 1. 86. Revidirt *von Wolff*

18. 2. 86. Revidirt *von Wolff*

23. 2. 86. Revidirt *von Gélieu*

20. 3. 86. Revidirt *von Wolff*

20. 4. 86. Revidirt *von Wolff*

21.4.86. Generalmajor von Kropff

Gesehen bei der Kassen- und Lokal-Revision am 7. Mai 1886.
Littmann, Intendantur-Assessor

26. 5. 86 Revidirt. *von Wolff*

8. 6. 86. Revidirt und in Ordnung befunden
v. Burchard

Vorstehende Bemerkung ist durch mich selbst kassirt worden.
von Gélieu

11. 6. 86 Revidirt. *von Gélieu*

21. 6. 86. Gesehen *Eilert*
28. 6. 86. Revidirt *von Wolff*
29. 7. 86 Revidirt *von Wolff*

5. 8. 86. Revidirt. von Gélieu

27. 8. 86 Revidirt von Wolff.

17. 9. 86. Revidirt von Wolff

19. 10. 86. Revidirt. von Gélieu

von Wolff.

17. 11. 86. Revidirt. von Gélieu

17. 11. 86. " von Wolff

5. 1. 87. Revidirt von Wolff

27. 2. 87 Revidirt von Wolff.

29. 3. 87. Revidirt. von Gélieu

" " " von Wolff.

25. 4. 87 " von Wolff

8. 6. 87. Allen Kranken der Regimenter Königin gut versorgt gefunden. [illegible]

Generalarzt. [illegible]

[illegible]

14. 6. 87. von Gélieu

" " von Wolff

21. 6. 87. Gesehen [illegible]

11. 8. 87. von Gélieu

von Wolff

24. 8. 87. [illegible]

Generalmajor und Kommandeur der

4. Garde Infanterie Brigade

Gesehen

Coblenz 31. 8. 87 [illegible]

5. 8. 86. *Revidirt.* *von Gélieu*

27. 8. 86. *Revidirt* *von Wolff*

17. 9. 86. *Revidirt* *von Wolff*

19. 10. 86. *Revidirt.* *von Gélieu*
von Wolff

17. 11. 86. *Revidirt.* *von Gélieu*

17. 11.86. *„* *von Wolff*

5. 1. 87. *Revidirt* *von Wolff*

27. 2. 87. *Revidirt* *von Wolff*

29. 3. 87. *Revidirt.* *von Gélieu*

„ *„* *von Wolff*

25. 4. 87 *„* *von Wolff*

8. 6. 87. *Alle Kranken des Regiments Königin gut versorgt gefunden*
v. Hahnke
Generallieutn. Commandeur der 2. Garde-Inf. Div.

14. 6. 87. *von Gélieu*

„ *von Wolff*

21. 6.87. *Gesehen* *v. Burchard*

11. 8. 87. *von Gélieu*

von Wolff

24. 8. 87. *von Kropff*
Generalmajor und Kommandeur der 4.
Garde Infanterie
Brigade

Gesehen, Coblenz 31. 8. 87. *Podlasly Int. Rath*

24/9.87. Revidirt. von Gélieu

10/10.87. Revidirt. von Gélieu

17/10 87 Revidirt von Wolff

24/11.87. Revidirt. von Gélieu

" " von Wolff

9/1 87 Revidirt von Wolff

12/1.88. Revidirt von Gélieu

17/2 88 Revidirt von Wolff

20/4 88. Revidirt von Wolff

30/4.88. Revidirt von Gélieu

16/5 88. Alle Kranken des Regiments Königin sehr gut versorgt gefunden.

6/6.88. Revidirt. von Mutius. abgehalten Generalleutn. u. Komm. d. 2. Garde-Inf. Div.

21/6 88 Revidirt von Wolff.

24/7.88. Revidirt. v Gélieu

6/8 88 Revidirt von Wolff.

8/8. 88 von Kropff. General Major und Kommandeur der 4. Garde Infanterie Brigade.

8/8. 88 Frh. v. Hammerstein Oberst und Kommandeur des 4. G. Gr. Regts. Königin.

4/9.88. revidirt v Gélieu

24/ 9. 87.	*Revidirt.*	*von Gélieu*
10/ 10. 87.	*Revidirt.*	*von Gélieu*
17/ 10. 87.	*Revidirt*	*von Wolff*
24/ 11. 87.	*Revidirt.*	*von Gélieu*
„ „		*von Wolff*
9/ 1. 88.	*Revidirt*	*von Wolff*
12/ 1. 88.	*Revidirt*	*von Gélieu*
17/ 2. 88.	*Revidirt*	*von Wolff*
20/ 4. 88.	*Revidirt*	*von Wolff*
30/ 4. 88.	*Revidirt*	*von Gélieu*

16/5 88. *Alle Kranken des Regiments Königin sehr gut versorgt gefunden.*

v. Hahnke
Generallt. u. Commdr. d.
2. Garde-Inf. Div.

6/ 6. 88.	*Revidirt*	*von Mutius*
21/6 88.	*Revidirt*	*von Wolff*
24./7. 88.	*Revidirt.*	*von Gélieu*
6/8 88.	*Revidirt*	*von Wolff*

8/8. 88. *von Kropff. General Major und Commandeur der 4. Garde Infanterie Brigade*

8/8. 88. *Frh. v. Hammerstein Oberst und Kommandr. des 4. Garde Gren. Regts. Königin*

4/9. 88. *revidirt* *v. Gélieu*

Coblenz den 6. September 1888.

Gesehen!

Lentze

Generalarzt u. Korpsarzt.

2/X. 88. Revidirt. v. Zelieu

11. 10. 88. Revidirt. v. Mertens!

29. 10. 88. Revidirt von Wolff.

8/XI. 88. Revidirt. v. Zelieu

12. 11. 88 Gesehen Baron v. Loë.

Gesehen d. 11/12 88

Halbe

Intendantur-Rath.

9. 1. 89. Revidirt von Wolff.

12. 1. 89. Revidirt v. Zelieu

15. 2. 89. Revidirt von Wolff.

15. 4. 89. Revidirt von Wolff.

20/4. 89 Revidirt v. Zelieu.

25. 5. 89 [illegible]

Generallieutenant und Kommandeur [illegible] der 15. Division.

3. 6. 89. Revidirt von Wolff.

5. 6. 89 Bernhard Erbprinz von S. Meiningen

Generalmajor und Brigade Commandeur

Gesehen! *Coblenz den 6. September 1888.*

Lentze
Generalarzt und Korpsarzt

21. X. 88.	*Revidirt.*	*v. Gélieu*
11. 10. 88.	*Revidirt.*	*v. Mutius*
29. 10. 88.	*Revidirt*	*von Wolff*
8/XI. 88	*revidirt.*	*v. Gélieu*
12. 11. 88.	*Gesehen*	*Baron von Collas*

Gesehen 11/12 88
Halbe
Intendantur-Rath

9. 1. 89.	*Revidirt*	*von Wolff*
12. .1. 89.	*Revidirt*	*v. Gélieu*
15. 2. 89.	*Revidirt*	*von Wolff*
15. 4. 89	*Revidirt*	*von Wolff*
20/4. 89	*Revidirt*	*v. Gélieu*
25. 5. 89		*von Kropff* *Generallieutenant und Kommandeur der 15. Division*
3. 6. 89.	*Revidirt*	*von Wolff*
5. 6. 89		*Bernhard Erbprinz von Meiningen* *Generalmajor und Brigade Commandeur*

18/6. 89. Revidirt. [illegible]

26/6. 89. Revidirt. v. [illegible]

10/7 89 Revidirt von Wolff

8/8. 89. " von Wolff.

Besichtigt bei der Lokal-Revision 12. 9. 89.

[illegible]

Intendantur-Rath.

24/9 89 Revidirt von Wolff

2/10. 89 revidirt v. [illegible]

26/X. 89. revidirt. v. [illegible]

4/11 89 " von Wolff

6/1 90 " von Wolff

21/2. 90. revidirt. v. [illegible]

3/3 90 " von Wolff

31/3. 90. " v. [illegible]

6/5 90 " von Wolff

21/5. 90 [illegible]

Das Lazareth entspricht in seiner baulichen Anlage nur zum geringen Theile den Anforderungen, welche die jetzige Krankenpflege stellt; auch die Ausstattung bedarf der Vervollständigung und Erneuerung. Im Übrigen ist dasselbe in bester Ordnung gehalten, was [illegible] bemerkenswerth ist.

[illegible], den 30. Mai 1890

Der Generalstabsarzt der Armee

v. Coler

18/6. 89.	*Revidirt.*	*v. Mutius*
26/6. 89.	*Revidirt.*	*v.Gélieu*
10/7 89	*Revidirt*	*von Wolff*
8/8. 89	*„*	*von Wolff*

Gesehen bei der Lokal-Revision 12. 9. 89

Halbe
Intendantur-Rath

24/9 89	*Revidirt*	*von Wolff*
2/10.89	*Revidirt*	*von Gélieu*
26/X.89.	*revidirt*	*v. Gélieu*
4/11 89	*„*	*von Wolff*
6/1 90	*„*	*von Wolff*
21/2. 90.	*revidirt*	*v. Gélieu*
3/3 90	*„*	*von Wolff*
31/3. 90.	*„*	*v. Gélieu*
6/5 90	*„*	*von Wolff*
20/5. 90		*Graf Rantzau*

Das Lazareth entspricht in seiner baulichen Anlage nur zum geringen Theile den Anforderungen, welche die jetzige Krankenpflege stellt; auch die Ausstattung bedarf der Verbesserung und Erneuerung. Im Übrigen ist dasselbe in bester Ordnung gehalten, was anerkennenswerth ist.
Coblenz den 30ten Mai 1890

Der Generalstabsarzt der Armee

v. Coler

26/6 90 Revidirt von Wolff.

14/7 90 " von Wolff.

19/9 90 " von Wolff

Gesehen

Lente

Generalarzt u. Korpsarzt d. 8. A. C.

24/9. 90.

14/11 90 Revidirt von Wolff

29/12 90 ~~[illegible]~~

17/1 91 Revidirt von Wolff.

24/4 91 " von Wolff.

Ich habe das Garnison-Lazareth Coblenz bei wiederholter Besichtigung am 20/10 und am 2/11. 1891 in bester Ordnung befunden. Die Krankenbehandlung und Pflege erwies sich als eine sehr sorgfältige, [illegible] gereicht [illegible] der Leitung und Verwaltung des Lazareths.

C. 2/11. 1891.

Lente

Generalarzt I. Kl. und Korpsarzt

8ten Armee-Korps.

Lazareth besucht

C 5/5 93

Rohne

Generalmajor

26/6 90 Revidirt von Wolff

14/7 90 „ von Wolff

19/9 90 „ von Wolff

Gesehen

Lentze
Generalarzt u. Korpsarzt 8[tes] AC.
24/9. 90.

14/11 90 Revidirt von Wolff

29/12 90 Graf Rantzau

17/1 91 Revidirt von Wolff

24/4 91 „ von Wolff

Ich habe das Garnison-Lazareth Coblenz bei eingehender Besichtigung am 20/10 und am 2/11. 1891 in bester Ordnung befunden. Die Krankenbehandlung und Pflege erwies sich als eine sehr sorgfältige und wohl gestützt von der Leitung und Verwaltung des Lazareths.
C. 2/11. 1891

Lentze
Generalarzt I. Kl. und Korpsarzt
8tes Armee-Korps

Lazareth besucht
C 5/5 93

Rohne
Generalmajor

Gesehen und in Ordnung befunden.

Coblenz d. 17 Nov 93.

Loë

Gesehen bei der Lokalmusterung 8/94

[illegible]

Bei der Besichtigung am 28 u. 29/3 wurde das Garnison-Lazareth Coblenz in guter Ordnung befunden.

[illegible]
Generalarzt u. Korpsarzt d. VIII. Armee-Korps

Gesehen und in Ordnung gefunden.
Coblenz d. 18. 7. 94.

Köhler
Generalmajor u. Kommandeur
der 30. Infanterie-Brigade.

Garnison-Lazareth Coblenz bei eingehender Besichtigung in den Tagen vom 27 bis 30. November 1894 in guter Ordnung befunden.

[illegible]
Generalarzt

Mein Urtheil nach der heutigen Besichtigung ist dasselbe wie das vom 30ten Mai 1890.
Coblenz den 17ten Juli 1895
Der General[illegible]
Loë

Gesehen 15/7 95
[illegible]

Gesehen und in Ordnung gefunden

Coblenz d 17 Novb 93

Loë

Gesehen bei der Lokalrevision 8/1 94

Helmke
Intendanturrath

Bei der Besichtigung am 28 u. 29/3 wurde das Garnison-Lazareth Coblenz in guter Ordnung befunden.

Lentze
Generalarzt I Kl. u. Korpsarzt
8tes Armee-Korps

Gesehen und in Ordnung gefunden.
Coblenz d. 18. 7. 94.

Köhler
Generalmajor u. Kommandeur der
30. Infanterie-Brigade

Garnison-Lazareth Coblenz bei eingehender Besichtigung in den Tagen vom 27 bis 30. November 1894 in guter Ordnung befunden.

Lentze
Generalarzt

Mein Urtheil nach der heutigen Besichtigung ist dasselbe wie das vom 30.ten Mai 1890.
Coblenz den 17ten Juli 1895

Der Generalstabsarzt der Armee
v. Coler

Gesehen 15/8 95

Dr. Fuhrmann
Int. Rath

Gesehen und in Ordnung befunden

Coblenz den 14. VI. 95

[illegible]
Generalmajor und Kommandant.

Gesehen 26/7 97
[illegible]
Int. Rat

Das Garnisonlazareth war bei meiner Besichtigung in einem Zustande vorzüglicher Ordnung und Reinlichkeit.

Coblenz 20. 8. 98.

Dr. Timann
General- und Korpsarzt
des VIII Armeekorps.

Desgleichen am 30. und 31. Mai 1899.

Dr. Timann
General- und Korpsarzt
des VIII Armeekorps.

Das Lazareth ist in Ordnung gehalten. Der Dienstbetrieb unter den schwierigsten Verhältnissen der unzulänglichen baulichen Anlage, veralteten Ausstattung usw. zeugt von Fürsorge und Hingebung des Personals.

Der Generalstabsarzt der Armee und
Chef der Med. Abt. im Kriegs Ministerium

Coler

Gesehen und in Ordnung befunden.
Coblenz den 14. XI. 95

v. Davidson
Generalmajor und Kommandant

Gesehen 26/7 97 Dr. Fuhrmann Int. Rath

Das Garnisonlazareth war bei meiner Besichtigung in einem Zustande vorzüglicher Ordnung und Reinlichkeit.
Coblenz 20. 8. 98.

Dr. Timann
General- und Korpsarzt des VIII. Armeekorps

Desgleichen am 30. und 31. Mai 1899

Dr. Timann
General- und Korpsarzt
des VIII. Armeekorps

Das Lazareth ist in Ordnung gehalten. Der Dienstbetrieb unter den schwierigsten Verhältnissen der unzulänglichen baulichen Anlage, veralteten Ausstattung usw. zeugt von Fürsorge und Hingebung des Personals.

Der Generalstabsarzt der Armee und
Chef der MA im Kriegs Ministerium
v. Coler

26. VIII. 99 Gesehen bei der Wirthschaftsprüfung

[illegible]
Intendantur-Rath

Bei der Besichtigung am 10. und 11. April war das Lazareth in einem Zustand tadelloser Ordnung und Sauberkeit.

Coblenz 11. 4. 00

Dr. [illegible]
General- und Korpsarzt
VIII AK.

Bei der Besichtigung am 15 und 16 April habe ich das Lazareth in jeder Beziehung in bester Ordnung gefunden.

Coblenz 16. IV. 01

Dr. [illegible]
General und Korpsarzt
VIII Armeecorps.

14/24. 1. 1902. Gesehen bei der Wirthschaftsprüfung.

[illegible]
Militär-Intendanturrath.

26. VIII. 99 Gesehen bei der Wirtschaftsprüfung

Feez
Intendantur-Rath

Bei der Besichtigung am 10ten und 11ten April war das Lazareth in einem Zustand tadelloser Ordnung und Sauberkeit.
Coblenz 11. 4. 00

Dr. Timann
General- und Korpsarzt VIII. AK.

Bei der Besichtigung am 15 und 16 April habe ich das Lazareth in jeder Beziehung in bester Ordnung gefunden.
Coblenz 16. IV. 01.

Dr. Timann
General- und Korpsarzt
VIII. Armeekorps

14./24. 1. 1902 Gesehen bei der Wirthschaftsprüfung.

Rachner
Militär-Intendanturrath.

Trotz der ungünstigen baulichen und sonstigen Verhältnisse war das Lazarett bei der Besichtigung in tadelloser Ordnung und Sauberkeit.

Coblenz 29.30/4 und 1/5. 02

Dr. Timann
General- und Korpsarzt
VIII A.K.

Lazarett sehr sauber und in bester Ordnung befunden.

Coblenz 11. 7. 03.

Ott
Generalarzt und Korpsarzt
VIII. Armeekorps.

Im Lazarett herrschten während der Besichtigungstage vortreffliche Ordnung und Sauberkeit.

Coblenz 28.–30. April und 2. und 3. Mai 1904.

Ott
Generalarzt und Korpsarzt
VIII. Armeekorps.

Mit der Haltung des Lazaretts im Ganzen zufrieden. Die Verbandsachen und Instrumente sind genauer u. häufiger zu revidieren, desgleichen die Arzneibestände.

21/8 04

v. Leuthold
Generalstabsarzt

Gesehen.
I.A.d.K.
[illegible]
I.g. Ott

Trotz der ungünstigen baulichen und sonstigen Verhältnisse war das Lazareth bei der Besichtigung in tadelloser Ordnung und Sauberkeit.
Coblenz 29. 30. und 1/5.02
4

Dr. Timann
General- und Korpsarzt VIII. A. K.

Lazarett sehr sauber und in bester Ordnung befunden.
Coblenz 11. 7. 03.

Ott
General- und Korpsarzt VIII. Armeekorps

Im Lazarett herrschte während der Besichtigungstage vortreffliche Ordnung und Sauberkeit.
Coblenz 28.-30. April und 2. und 3. Mai 1904

Ott
Generalarzt und Korpsarzt
VIII. Armeekorps

Mit der Haltung des Lazarethes im Ganzen zufrieden. Die Verbandsachen und Instrumente sind genauer und häufiger zu controliren desgleichen die Arzneibestände.
31/8 04

v. Leuthold
Generalstabsarzt

Gesehen.

I. A. d. K.
v. Zwehl
1. 9. 04

Die hygienischen und baulichen Mängel des für eine Heilanstalt nicht mehr zeitgemäßen Gebäudes machen sich immer mehr fühlbar und erschweren den Betrieb in erheblichem Grade; um so anerkennenswerther sind die überall vorhandene Ordnung und Reinlichkeit.

19.4.05.

Ott
Generalarzt VIII. Armeekorps.

Ich habe am heutigen Tage das Lazareth in guter Ordnung gefunden

12.X.05.

Frhr. v. Lüdinghausen Wolff
Generalmajor u. Kommandeur

Gesehen bei der Wirtschaftsprüfung 13.3.06
Kritzler
Intendanturrat

Lazarett im ganzen recht gut gehalten, Krankenbehandlung sachgemäß und sorgsam.

16.5.06.

Ott
Generalarzt VIII. Armeekorps

Die hygienischen und baulichen Mängel des für eine Heilanstalt nicht mehr zeitgemäßen Gebäudes machen sich immer mehr fühlbar und erschweren den Betrieb in erheblichem Grade; um so anerkennenswerther sind die überall vorhandene Ordnung und Reinlichkeit.
19. 4. 05

Ott
Generalarzt VIII. Armeekorps

Ich habe am heutigen Tage das Lazareth in guter Ordnung gefunden.
12. X. 05

Frhr. v. Lüdinghausen
Generalmajor u. Commandant

Gesehen bei der Wirtschaftsprüfung 13. 3. 06.

Kritzler
Intendanturrat

Lazarett im ganzen recht gut gehalten, Krankenbehandlung sachgemäß und sorgsam.
16. 5. 06

Ott
Generalarzt VIII. Armeekorps.

Meiste zu erinnern.
24. IV. 07. v. Woedtke

Bei wiederholten Besuchen des Lazaretts und auch bei der jetzigen Besichtigung habe ich mich von einer sorgsamen Behandlung und Pflege der Kranken überzeugen können. Das Lazarett ist sehr gut gehalten.

4. 5. 07

Ott
Generalarzt VIII. Armeekorps.

Das Lazarett wird vortrefflich geleitet und verwaltet. Die Erfolge der Wundbehandlung waren sehr anerkennenswert und die Fürsorge für die Kranken trat überall deutlich hervor.

Schjerning,
5. 7. 07. Generalstabsarzt der Armee.

Kenntnis genommen.
6. VII. 07. v. Woedtke

Nichts zu erinnern.
24. IV. 07. *v. Woedtke*

Bei wiederholten Besuchen des Lazaretts und auch bei der jetzigen Besichtigung habe ich mich von einer sorgsamen Behandlung und Pflege der Kranken überzeugen können. Das Lazarett ist sehr gut gehalten.
4. 5. 07 *Ott*
Generalarzt VIII. Armeekorps.

Das Lazarett wird vortrefflich geleitet und verwaltet. Die Erfolge der Krankenbehandlung waren sehr anerkennenswert und die Fürsorge für die Kranken trat überall deutlich hervor.
5. 7. 07 *Schjerning*
Generalstabsarzt der Armee

Kenntnis genommen.
6. VII. 07. *v. Woedtke*

Gesehen bei der Wirtschaftsprüfung 3. 3. 08.

Breitzke
Intendanturrat

Krankenbehandlung, ärztlicher und ökonomischer Dienstbetrieb lassen Vorzügliches erkennen. Der Gerätebestand ist wirklich stark abgenutzt, da die zur Verfügung stehenden Mittel zur erforderlichen Instandhaltung nicht ausreichen. Im Lazarett herrscht musterhafte Sauberkeit.

4. 4. 08.

Ott
Generalarzt VIII. Armeekorps.

Das Lazarett befindet sich in vortrefflicher Ordnung und Verwaltung.

16. V. 08.

v. Moltke

Das alte Lazarett ist sehr zweckmäßig verwaltet und sehr gut gehalten.

23. II. 08.

Rudeloff
Generalarzt u. Inspekteur
der 3. Sanitäts-Inspektion.

Wdr. gelesen 26/XI 13
v. Moltke

Gesehen bei der Wirtschaftsprüfung 3. 3. 08.

Kritzler
Intendanturrat

Krankenbehandlung, ärztlicher und ökonomischer Dienstbetrieb lassen Sorgfalt erkennen. Der Geräteanstrich ist vielfach stark abgenützt, da die zur Verfügung stehenden Mittel zur erforderlichen Instandhaltung nicht ausreichen. Im Lazarett herrscht musterhafte Sauberkeit.
4. 4. 08

Ott
Generalarzt VIII. Armeekorps.

Das Lazarett befindet sich in vortrefflicher Ordnung und Verwaltung.
16. V. 08 *v. Woedtke*

Das alte Lazarett ist sehr zweckmäßig verwaltet und sehr gut gehalten.
25. 11. 08.

Rudeloff
Generalarzt und Inspekteur der
3. Sanitäts-Inspektion

Ktr. Gelesen 26/XI 08.
v. Woedtke

Ich habe das Lazarett wieder in vortrefflicher Ordnung gefunden.

22.5.09.

v. Wedel

Bei der Besichtigung wurde das Lazarett in bester Verfassung vorgefunden.

5.6.09.

Ott

Generalarzt und Korpsarzt

des VIII. Armeekorps.

Gesehen bei der Wirthschaftsprüfung 18.2.10.

Keitzler

Intendanturrat

Ich habe das Lazarett, wie bisher, in vortrefflicher Ordnung gefunden.

3.6.10.

v. Wedel

Das Lazarett ist in vorzüglicher Ordnung.

23.7.10.

Hünermann,

Generalarzt.

Ich habe das Lazarett wieder in vortrefflicher Ordnung gefunden.
27. 5. 09 *v. Woedtke*

Bei der Besichtigung wurde das Lazarett in bester Verfassung vorgefunden.
5. 6. 09.
Ott
Generalarzt und Korpsarzt
des VIII. Armeekorps.

Gesehen bei der Wirtschaftsprüfung 18. 2. 10.
Kritzler
Intendanturrat

Ich habe das Lazarett, wie bisher, in vortrefflicher Ordnung gefunden.
3. 6. 10. *v. Woedtke*

Das Lazarett ist in vorzüglicher Ordnung.
23. 7. 10.
Dr. Hünermann
Generalarzt

Das Lazarett ist in tadelloser Ordnung.

9. 6. 11.

Hünemann

Generalarzt

Gesehen bei der Wirthschaftsprüfung 1. 3. 12

Kritzler

Intendanturrat

Das Lazarett ist in bester Ordnung.

12. 4. 12.

Hünemann

Generalarzt

Das Lazarett ist in tadelloser Ordnung.
9. 6. 11.

Dr. Hünermann
Generalarzt

Gesehen bei der Wirtschaftsprüfung 1. 3. 12.

Kritzler
Intendanturrat

Das Lazarett ist in bester Ordnung.
12. 4. 12.

Dr. Hünermann
Generalarzt

Besichtigung des Zentrallazarettes der Bundeswehr

durch den

INSPEKTEUR des SANITÄTS- und GESUNDHEITSWESENS

Nach 142 Jahren noch immer
alles in Ordnung befunden

Dr. Hockemeyer

Koblenz, den 10. und 11. 9. 1968

Generaloberstabsarzt

Nach 142 Jahren noch immer alles in Ordnung befunden

Dr. Hockemeyer

Der Generalinspekteur der Bundeswehr

General Ulrich de Maizière

verabschiedet sich am 29.März 1972

Bei meiner „letzten" Inspektion als aktiver Soldat habe ich dieses Heim geistlich, menschlich und musikalisch als voll in Ordnung gefunden.

29.3.72.

Ulrich de Maizière

Bei meiner „letzten" Inspektion als aktiver Soldat habe ich dieses Haus fachlich, menschlich und musikalisch als voll in Ordnung gefunden.
29. 3. 72.

Ulrich de Maizière

L. I. Daar [signature]

Maj. General Frederic J. Hughes, Med Corps
Chief Surgeon, United States Army Europe
16 June 1972

Robert Mitchell [signature]
Major General
Director of Medical Services
British Army of the Rhine.

John W. Talbot Brig General U.S. Air Force
Wiesbaden

[signature] Air Commodore
P.M.O. Royal Air Force Germany

[signature]

Médecin en chef A. Gros
des Forces Françaises en Allemagne

J. K. Beens
Kolonel arts.
Netherlands first Corps.

K. Kiil-Nielsen stabslæge (DA)
HQ/ij

Dr. E. Daerr

Maj. General Frederic J. Hughes, Med Corps, Chief Surgeon,
United States Army Europe
16 June 1972

Robert Mitchell, Major General, Director of Medical Services, British Army of the Rhine

John M. Talbot Brig. General U. S. Air Force Wiesbaden

T. N. N. Brennan, Air Commodore P. M. O. Royal Air Force Germany

Médecin en Chef A. GROS des Forces Françaises en Allemagne

J. H. Beens Kolonel arts Netherlands first Corps

Kr. Kül-Nielsen stabslaege (DA) HQ/ i. J.

[signature] Duncan OPH.
Command Flight Surgeon, Canadian Forces Europe.

Amin, Col. MC., Med. Adviser HQ AFCENT [illegible]

Blumengrohne, OFA, CENTAG/NATO Staff Surgeon

Dr. Walter Siebert
Gen. Arzt [illegible] II

Mit herzlichem Dank für die Fürsorge
für alle Soldaten des III. Korps

[signature]

Gen. Lt. u. Kommandierender General III. Korps

Koblenz, 8.9.72.

Ron Low, Major, Command Flight Surgeon, Canadian Forces Europe

van Vliet Colonel MC, Medical Advisor HQ AFCENT NL.

Dr. Baumgartner, OFA, CENTAG/NATO StaffSurgeon

Dr. Klaus Schulze, Generalarzt, InSan II

Mit herzlichem Dank für die Fürsorge
für alle Soldaten des III. Korps

G. Niepold
GenLt. u. Komm. Gen. III. Korps

Koblenz, 8. 9. 72

15. III 74

Nach eindrucksvoller Besichtigung, und hoch interessanten Aussprachen kann ich nur sagen: Herzlichen Dank, ich habe viel gelernt

Hans Thillem

21.6.74

En souvenir de notre visite au Service de Santé de la Bundeswehr, avec toute notre admiration pour le travail de nos confrères allemands.

Collegialiter!

Dr. A. Morthomens
Gen. Maj. Med.

15. III. 74.

Nach eindrucksvoller Besichtigung und hochinteressanten Aussprachen kann ich nur sagen: Herzlichen Dank, ich habe viel gelernt.

Hans Killian

21. 6. 74.

Vielen Dank für unseren Besuch beim Sanitätsdienst der Bundeswehr, wir sind sehr beeindruckt von der Arbeit unserer deutschen Kollegen.

Mit kollegialen Grüßen

Dr. A. Moorthamers
General Major Med.

Mit grossem Vertrauens-
vorschuss bin ich hier nach
Koblenz gekommen.
Die Sorgfalt der Untersuchungen
ist schon halbe Therapie.
Herzlichen Dank und
gute Wünsche!

Walter Scheel

Koblenz den 7.5.75

Mit großem Vertrauensvorschuß bin ich hier nach Koblenz gekommen.
Die Sorgfalt der Untersuchungen ist schon halbe Therapie.
Herzlichen Dank und gute Wünsche!

Walter Scheel

Koblenz den 7. 5. 75

Geoffrey Dhenin Air Marshal
D.G.M.S. Royal Air Force
5th. June 1975.

Leicht malade kam ich
voll gesund ging ich.
Mit herzlichem Dank

[illegible]
Adm OSTA.

Richard Roberts. Rear Admiral
Surgeon General Canadian Forces.
16. October 1975.

Geoffrey Dhenin Air Marshal D. G. M. S. Royal Air Force
5 th. June 1975

Leicht malade kam ich
voll gesund ging ich.
Mit herzlichem Dank

Dr. Stemann
Adm OSTA (Admiraloberstabsarzt)

Richard Roberts, Rear Admiral Surgeon General Canadian Forces
16. Oktober 1975

Ich bin mit dem Besuch des zentralen Bundeswehr Krankenhauses sehr zufrieden u. danke für Alles was mir gezeigt würde u. was ich lernen konnte.

Dr. Gabriel Ullmann,
Oberst-Leutnant
Koblenz, 29.10.1975 Israel Defence Forces

Ein interessanter Besuch, eine besondere Ehre für mein Land und mich, daß dies in diesem ehrwürdigen Buch auf 100 Jahre altem Blatt vermerkt werden soll.

Generalarzt Dr. Brenner-Schmid
Heeres Sanitätschef d. öst. BH

[signature]
Brigadier u. Verteidigungsattaché
29. April 1976.

Der neue Einsichten vermittelnde Besuch hat die Bemühungen einer „hilfswilligen" Verwaltung bestärkt, dem Krankenhaus in seinem Dienst am Menschen nach Kräften zu unterstützen.

Koblenz, 21.6.1976

[signature]

Präsident WBV IV

Auch bei diesem Besuch des Bundeswehr-Zentralkrankenhauses kann ich nur mit Anerkennung feststellen, in welch hohem Maße hier fachlich und menschlich dem kranken Menschen, zumal dem kranken Soldaten gedient wird.

21. Juli 76. + Franz Hengsbach,
Bischof v. Essen, Kathol. Militärbischof.

Ich bin mit dem Besuch des zentralen Bundeswehrkrankenhauses sehr zufrieden u. danke für Alles was mir gezeigt wurde u. was ich lernen konnte.

Dr. Gabriel Ullmann
Oberst-Leutnant
Koblenz, 29. 10. 1975 *Israel Defence Forces*

Ein interessanter Besuch, eine besondere Ehre für mein Land und mich, daß dies in diesem ehrwürdigen Buch auf 150 Jahre altem Blatt vermerkt werden soll.

Generalarzt Dr. Johann Schmid
Heeres-Sanitätschef d. Österreichischen Bundesheeres

Otto Heller
Brigadier u. (österreichischer) Verteidigungsattaché

29. April 1976

Der neue Einsichten vermittelnde Besuch hat die Bemühungen einer „gutwilligen" Verwaltung bestärkt, das Krankenhaus in seinem Dienst am Menschen nach Kräften zu unterstützen
Koblenz, 21. 6. 1976

Petersen
Präsident WBV IV
(Wehrbereichsverwaltung IV)

Auch bei diesem Besuch des Bundeswehr-Zentralkrankenhauses kann ich nur dankbar feststellen, in welch hohem Masse hier fachlich und menschlich dem kranken Menschen, zumal dem kranken Soldaten gedient wird.
21. Juli 76.

Franz Hengsbach.
Bischof v. Essen, Kathol. Milit. Bischof

Dem Zentralkrankenhaus der Bundeswehr habe ich seit fast einem Jahrzehnt als Patient sehr viel zu danken. So war es mir eine grosse Freude, in meiner letzten Verwendung als Befehlshaber im Wehrbereich IV auch ein wenig „zuständig" zu sein und zu versuchen, etwas zu helfen, die schwieriger Aufgaben zu erleichtern.

30-9-1976

[Signature]
Generalmajor

Dem Zentralkrankenhaus der Bundeswehr habe ich seit fast einem Jahrzehnt als Patient sehr viel zu danken. So war es mir eine große Freude, in meiner letzten Verwendung als Befehlshaber im Wehrbereich IV auch ein wenig „zuständig" zu sein und zu versuchen, etwas zu helfen, die schwierigen Aufgaben zu erleichtern.

30. 9. 1976

Hantel
Generalmajor

Das Bundeswehr-Krankenhaus hat sich weit über die Bundeswehr und die Region hinaus hohes Ansehen und Vertrauen erworben. Möge es in vielen Jahren gesicherten Friedens möglich bleiben, vielen, die in Not und Bedrängnis sind im vielfältigen Sinne des Wortes für das Leben wieder „auf die Beine" zu helfen.

Dazu wünsche ich allen, die hier wirken, neben Können, Erfahrung und Hingabe immer auch das bißchen Glück das nötig ist und persönliche Befriedigung im Schaffen.

20. November 1976.

Georg Leber

Bundesminister der Verteidigung

대한민국 국방부 의무국장 육군소장 김영수

1976년 11月 24日 방문기념

貴病院 發展을 祈願합니다.

Maj. Gen. Young Soo Kim

Ministry of National Defense

Seoul. KOREA

Das Bundeswehr-Krankenhaus hat sich weit über die Bundeswehr und die Region hinaus hohes Ansehen und Vertrauen erworben. Möge es in vielen Jahren gesicherten Friedens möglich bleiben, vielen, die in Not und Bedrängnis sind im vielfältigen Sinne des Wortes für das Leben wieder „auf die Beine" zu helfen.
Dazu wünsche ich allen die hier wirken, neben Können, Erfahrung und Hingabe immer auch das Quantum Glück das nötig ist und persönliche Befriedigung im Schaffen.
20. November 1976

Georg Leber
Bundesminister der Verteidigung

Ich wünsche dem Krankenhaus für die Zukunft
dauerhaften Erfolg.
Generalmajor Young Soo Kim
Ministry of National Defence Seoul
KOREA

Mein erster Besuch nach der Amtsübernahme zeigte mir, dass im Bundeswehrzentralkrankenhaus mit hohem ärztlichem Engagement und mit viel Verständnis für die Gesamtbelange des Sanitätsdienstes gearbeitet wird.

14. Dezember 1976

[signature]

To our colleagues in Koblenz
with best wishes for prosperous work

[signature]

Brig. Gen. Dan Michaeli M.D.
Surgeon General, Israel Defense Forces

2.3.77

Anläßlich der Partnerschaftsfeier zwischen dem Hôpital des Armées "André Genet" in Trier und dem Bundeswehrzentralkrankenhaus wünsche ich den hervorragenden klinischen Militärkrankenhäusern der verbündeten Streitkräfte eine segensreiche Tätigkeit im Rahmen unseres humanitären Auftrags — heute und für eine lange Zukunft — in Frieden und Freiheit!

[signature]
Generalstabsarzt.

Mein erster Besuch nach der Amtsübernahme zeigte mir, daß im Bundeswehrzentralkrankenhaus mit hohem ärztlichen Engagement und mit viel Verständnis für die Gesamtbelange des Sanitätsdienstes gearbeitet wird.
14. Dezember 1976

Ernst Rebentisch

Unseren Kollegen in Koblenz mit den besten Wünschen für gedeihliche Arbeit

1.3.77

Brig. Gen. Dan Michaeli, M.D.
Surgeon General, Israel Defense Forces

Anläßlich der Partnerschaftsfeier zwischen dem Hôpital des Armée »André Genet« in Trier und dem Bundeswehrzentralkrankenhaus wünsche ich den hervorragenden klinischen Militärkrankenhäusern der verbündeten Streitkräfte eine segensreiche Tätigkeit im Rahmen unseres humanitären Auftrages - heute und für eine lange Zukunft - in Frieden und Freiheit!

Heinz S. Fuchs
Generalstabsarzt

Nous avons pu admirer le parfait fonctionnement et l'équipement idéal de l'Hôpital Central de la Bundeswehr. Que celle-ci nous incite à toujours progresser dans nos capacités à traiter et secourir les combattants de nos Armées, pour une saine émulation et le bien du Service.

Medecin en Chef CHASTEL
Sous Direction 2°CA/FFA Service de Santé

Besichtigt und in Ordnung befunden.

Koblenz, 21.2.77

لقد كانت فرصة طيبة ان ازور هذه
المؤسسة الصحية العسكرية وقد وجدت مثيلاتها
كما ابر من حيث الفنية والخدمة
والتنظيم الجيد فلا يسعني الا ان ارفع
اسمى التحيات الى جميع العاملين في هذه
المؤسسة وفي المقدمة بالسيد امر
المؤسسة مع اطيب امنياتي

٢/٢/١٩٧٧

اللواء الطبيب
راجي محمد التكريتي

Wir haben die hervorragende Arbeit und die excellente Ausstattung des Bundeswehrzentralkrankenhauses kennengelernt. Möge unsere Leistung angespornt werden, die Soldaten unserer Armee zu behandeln und ihre Sorgen zu lindern zum Wohle unserer Sanitätsdienste.

Médecin en Chef CHASTEL
Sous Directeur 2º CA/FFA
Service de Santé
Chastel

Revidiert und in Ordnung befunden. *Koblenz, 21. 7. 77*

Helmut Schmidt

Es war sehr schön in diesem Haus hier. Alles hat mir gut gefallen. Es war eine gute Gelegenheit, daß ich dieses Krankenhaus besuchen konnte. Alles in diesem Haus ist in Ordnung, gute Atmosphäre und gute Krankenpflege! Nun möchte ich etwas sagen, wenn ich dürfte: Vielen Dank allen Leuten, die in diesem Hause arbeiten und vor allem dem Chefarzt! Vielen Dank!

Ragi Abas Al-Takretie
Generalarzt der Streitkräfte
des IRAK

23. 8. 1977

Il faut féliciter le directeur d'une unité médicale digne d'éloge. Il a su lui donner une allure presque universitaire. Et l'on sent parmi tous ses collaborateurs le plaisir de travailler dans un tel hôpital

[illegible]

[illegible]

[illegible] Div.

It has been a great pleasure to me to visit this fine hospital and meet so many of its staff. I hope it continues to enjoy good fortune to continue its good work.

Richard Bradshaw
Lieut. General
Director General of Army Medical Services
Ministry of Defence
London UK.

18 April 1978.

23. Juni 78

Ich danke Herrn Generalarzt Dr. Fell und seinen Mitarbeitern für die Unterrichtung, für das Gespräch und für die vorzügliche Betreuung der Zivilpatienten im Bundeswehr-Krankenhaus Koblenz!

Mit besten Wünschen

Georg Gölter

Herzlichen Glückwunsch und mein Kompliment dem Leiter dieser lobenswerten medizinischen Einrichtung. Es ist ihm gelungen, ihr ein nahezu universitätsartiges Gepräge zu geben. Die gesamte Belegschaft strahlt denn auch vor Stolz und Freude an der Arbeit in einem derartigen Krankenhausbetrieb.

André Huber
Divisionär
(Schweiz)

Oberst i. Generalstab
v. Orelli
Oberst i. Generalstab
Leuenberger

Es war ein großes Vergnügen, dieses schöne Krankenhaus zu besuchen und so viele der Mitarbeiter kennenzulernen. Zur Fortsetzung seiner wertvollen Arbeit wünsche ich ihm alles Gute.

Richard Bradshaw
Lieut. General
Director General of Army
Medical Services
18 April 1978 *Ministry of Defence London UK.*

23. Juni 78 *Ich danke Herrn Generalarzt Dr. Felkl und seinen Mitarbeitern für die Unterrichtung, für das Gespräch und für die vorzügliche Betreuung der Zivilpatienten im Bundeswehrkrankenhaus Koblenz!*
Mit besten Wünschen

Georg Gölter

23.6.78 Herzlichen Dank dem Bundeswehr-Zentralkrankenhaus für die ausgezeichnete Versorgung.

Heinz [illegible] Regierungspräsident.

Willi [illegible]

[illegible]

[illegible]

[illegible]

30.8.78 La visite de votre splendide Hôpital Central nous a remplis d'admiration, et d'envie. C'est un modèle du genre. Nos sentiments les plus confraternels.

[illegible]
Med Col J. TILLIET

[illegible]
Med Col HERBIET

[illegible]
Med Kol SBH BROEKAERT

SERVICE MÉDICAL DES FORCES BELGES en ALLEMAGNE.

[illegible]

21.XI.78 – Ho visto un magnifico ospedale, indice della sensibilità e dell'organizzazione del Servizio Sanitario Tedesco –

Ten. Gen. Me. [illegible]
Direttore Generale Sanità Militare Italiana

21-XI-1978 Con l'augurio delle migliori fortune per l'Ospedale Militare di Coblenza, per i suoi appartenenti, per tutto il Servizio Sanitario delle Forze Armate Federali.

Gen. Med. Domenico Mario Monaco –

23. 6. 78

Herzlichen Dank dem Bundeswehr-Zentralkrankenhaus für die ausgezeichnete Versorgung.

Heinz Korbach Regierungspräsident

Willi Hörter
W. Franken
H. Jaeger
Dahmen

30. 8. 78. Nach dem Besuch Ihres wunderschönen Krankenhauses bleiben wir beeindruckt. Wir beneiden Sie! Es ist ein vorbildliches Krankenhaus in seiner Art.

Mit besten kollegialen Grüßen
Med Col J. TILLIET

Med Col HERBIET

Med Col SBH BROEKAERT
SERVICE MEDICAL DES FORCES BELGES en ALLEMAGNE

21. XI. 78

Ich habe ein hervorragendes Krankenhaus gesehen - ein Zeichen, über welche Möglichkeiten und Organisation der deutsche Sanitätsdienst verfügt.

Ten. Gen. Med. Tommaso Lisai
Direttore General Sanité Militare Italiana

21-XI-1978
Dem Bundeswehrzentralkrankenhaus Koblenz sowie seinen Offizieren und dem gesamten Sanitätsdienst der deutschen Streitkräfte bestes Glück wünschend

Gen. Med. Domenico Mario Monaco
(Italien)

Mit Dank und in Verbundenheit

20.2.79

Hildebrandt

Generalleutnant u. Inspekteur des Heeres.

J'ai apprécié l'organisation et le fonctionnement de cet Hôpital dont le niveau et l'activité le placent au rang de notre Hôpital du Val de Grâce – J'adresse à son Médecin Chef et aux Médecins qui y servent mes compliments – Je souhaite que se maintiennent et se développent les liens d'amitié avec l'Hôpital frère André Genet à Trèves –

Avec mes remerciements pour l'accueil chaleureux reçu ici

Mit meinen herzlichen Grüßen

Médecin Général Inspecteur RONFLET
Directeur Central du Service de Santé des Armées – FRANCE

26 Juin 1979

J. Ronflet

J. J. Desangle

Méd. Général Inspecteur DESANGLO
Dr. du Service de Santé des Forces Françaises en Allemagne

Mit Dank und in Verbundenheit

20. 2. 79

Hildebrandt
Generalleutnant und Inspekteur des Heeres

Die Organisation und der Betrieb dieses Krankenhauses haben mich beeindruckt. Sein Niveau und seine Arbeit stellen es an die Seite unseres Krankenhauses VAL DE GRACE in Paris. Meine Hochachtung gilt seinem Chefarzt und seinen Mitarbeitern. Mögen die freundschaftlichen Bande mit dem Partnerkrankenhaus ANDRÉ GENET in Trier erhalten bleiben und sich weiter entwickeln.
Mit bestem Dank für den herzlichen Empfang

Médecin Général Ronflet
Inspecteur Directeur Central du Service de Santé des Armées-FRANCE

26. Juni 1979

J. J. Desangle
Med. General Inspecteur
Directeur du Service de Santé
des Forces Françaises en Allemagne

14 August 1979

It is a pleasure to be able to visit the largest hospital of the Bundeswehr and see the efficient work being carried out here. Lots of good wishes and greetings from the Armed Forces Medical Services of Pakistan.

Major Gen

(FAHIM AHMAD KHAN)

Surgeon General and Director Medical Services Pakistan Armed Forces.

1 Οκτωβρίου 1979

Είμαι ευτυχής, σαν Διευθυντής του Υγειονομικού Σώματος του Ελληνικού Στρατού που επισκέφθηκα σήμερα το Ιστορικόν αυτό Νοσοκομείον.

Συνοδεύων τον Στρατηγό Διευθυντή Υγειονομικού Σώματος του Ελληνικού Στρατού, επισκέφθην το Νοσοκομείον και η επίσκεψις αυτή απετέλεσε μια διδακτική και ευχάριστη εμπειρία.

Ταξ. Αρχίατρος
Δρ. Χειρουργός

14. August 1979

Es ist ein Vergnügen, das größte Lazarett der Bundeswehr besichtigen zu können und die von hier ausgehende wirkungsvolle Arbeit zu sehen.
Viele guten Wünsche und Grüße vom Medizinischen Dienst der pakistanischen Streitkräfte.

Fahim Ahmad Khan
Surgeon General and Director
medical Services
Pakistan Armed Forces

4. Oktober 1979

Ich bin glücklich, daß ich als Direktor des Sanitätskorps des Griechischen Heeres dieses Historische Museum heute besucht habe.

Elias Deligiannakis
Generalmajor
(Leiter des Griechischen
Sanitätskorps)

In Begleitung des Generalmajors des Griechischen Heeres habe ich das Bundeswehrzentralkrankenhaus besucht, wobei dieser Besuch für mich ein belehrendes und angenehmes Erlebnis war.

Chefarzt Dr. Daskalakis
Emmanouil

1979.12.7

中国人民解放军军医代表团 孙敬尧

中国人民解放军总医院院长 李其宁 1979.12.7.

中国人民解放军总后勤部卫生部副部长 [illegible]

中国人民解放军总医院外科主任 陆维善

中国人民解放军空军总医院付院长兼内科主任

医学研究教授 潘天鹏

中国人民解放军总后勤部卫生部科技处处长 叶大训

6.2.1980

Au terme d'une visite de deux jours, où le travail en commun a été particulièrement fructueux, j'exprime ma reconnaissance au médecin-chef et aux chefs de service de l'Hôpital de Coblence pour leur accueil chaleureux, avec mes souhaits pour la poursuite de cette coopération.

Médecin Général Inspecteur Durand-Delacre
Directeur des Approvisionnements et des Établissements Centraux du Service de Santé des Armées françaises

1979 12. 7.

Leiter der Sanitätsoffiziersdelegation der Volksrepublik China
Zhang Ru-Guang

Direktor des Zentralkrankenhauses der VBA Chinas
Li Qi-Hua

Stellvertretender Leiter der Sanitätsabteilung bei der Hauptabteilung für Logistik der VBA Chinas
Liu Zhen

Leiter der Chirurgie-Abteilung im Zentralkrankenhaus der VBA Chinas
Lu Wei-Shan

Stellvertretender Direktor und Leiter der Inneren Abteilung im Zentralkrankenhaus der VBA Chinas
Pan Tian-Peng

(ohne Dienstrang) im Zentralkrankenhaus der Marine der VBA
Li Jia-Dong

Abteilungsleiter für Wissenschaft und Technologie in der Hauptabteilung für Logistik der VBA Chinas
Ye Da-Xun

6. 2. 1980

Am Ende eines zweitägigen fruchtbaren Arbeitsbesuches drücke ich dem Chefarzt und den Abteilungsleitern meine Anerkennung für den herzlichen Empfang aus. Mit den besten Wünschen für die weitere Zusammenarbeit

Médecin Général Inspecteur Durand-Delacre

A l'occasion de mon départ, je suis heureux et honoré de la possibilité qui m'est offert de remercier le médecin général, ses officiers et tout le personnel de l'Hôpital militaire de Koblenz pour l'amabilité qu'ils ont témoigné au petit frère l'Hôpital de Armées Dahi Gent [illegible] de Tunis [illegible]

2/IX/80

La visita realizada al Hospital Militar de Koblenz, me ha dado la oportunidad de constatar la organización del Ejército Alemán, y de conocer y compartir unas horas muy felices con los colegas médicos de la Sanidad Militar de Alemania.

Estoy muy agradecido de que se me haya dado esta oportunidad única en mi vida y que la conservaré mientras viva como una de las más ricas experiencias. Danke schön

PARAGUAY

Auf-Wiedersehen.

Ich bin sehr froh und sehr geehrt, anläßlich meines Abschieds die Möglichkeit zu haben, dem Chefarzt, den Offizieren und dem Personal des Bundeswehrzentralkrankenhauses Koblenz für ihre Freundschaft gegenüber dem „Kleinen Bruder", dem Armee-Hospital André Genet in Trier, zu danken.

Médecin en Chef

2/7/80 *Moal*

Der Besuch im Bundeswehrzentralkrankenhaus Koblenz hat es mir ermöglicht, die Organisation der deutschen Armee kennenzulernen und mit den deutschen Kollegen des Sanitätsdienstes einige Stunden zu verbringen. Ich bin sehr dankbar über diese einmalige Gelegenheit in meinem Leben und werde sie lebendig erhalten unter meinen reichsten Erfahrungen.

Dr. Velilla
Inspekteur des Sanitätsdienstes
der Streitkräfte Paraguays

Das Lazarett in vorzüglicher Ordnung, auch nach 100 Jahren, gefunden

Mende, GSA, Amtschef

Koblenz, 16/17 Januar 1981

John Harrison

Medical Director General (Navy) 14 May 1981

18 Mar 82: It is a great pleasure for us to record our fine impressions about the efficiency, devotion + dedication the Zentral Krankenhouse of Federal Armed Forces of Germany Koblenz, is being run under the command, supervision and guidance of its commanding officer Prof Dr Igen Gärtner. The care with which we were taken around and shown the various departments and their functioning is very appreciable. We thank you all and wish you all the best for the future.

Military Attaché Col. [illegible] 18/3/82

(M. S. GOHEER) Col.

(M S ANDRABI) Brig

[illegible] Col.

(OLTHUK ..... (Col.) Pakistan AMC

[illegible]

22.4.82.

Das Lazarett in vorzüglicher Ordnung,
auch nach 100 Jahren, gefunden.

Dr. Linde, GSA (Generalstabsarzt)
Amtschef

Koblenz, 16./17. Januar 1981

John Harrison, *14. May 1981*
Medical Director General (Navy).

18. März 82.
Es ist ein großes Vergnügen, unsere vortrefflichen Eindrücke über die Leistungsfähigkeit, Hingabe und Zuwendung des Bundeswehrzentralkrankenhauses Koblenz unter der Leitung des Chefarztes, Generalarzt Prof. Dr. Dr. Gärtner, einzutragen.
Die Fürsorge, mit der wir überall aufgenommen wurden und mit der wir die verschiedenen Abteilungen mit ihren Funktionen gezeigt bekamen, ist bemerkenswert.
Wir danken Ihnen und wünschen Ihnen allen das Beste für die Zukunft!

Andrabi, M.S., Brig. General
M.H.U.K. Niazi, Oberst
Akhtar, Oberst
Pakistan

Dr. Günter Ermisch 22. 4. 86.

はるばるドイツの軍中央
病院を訪れる.
増々の繁栄を祈る!!
日本国防衛庁衛生局
小畑美知夫
Michio Obata

防衛駐在官
一等陸佐 松島悠佐
Matsushima

1982.5.3.

D. Admiral Friedrich Albert Richarz.
Very close friend of mine, I am very glad, to see
you again and visit you.
It really everything very excellent and outstanding
in this Hospital, I am very happy to see there.
Thank you very much your hospitality.

R. Adm. Necdet Ateş

Aus weiter Ferne gekommen, um das deutsche Bundeswehrzentralkrankenhaus zu besuchen.
Ich wünsche Ihnen stets Wohlergehen!

Verteidigungsamt des japanischen Staates
Sanitätsabteilung
Michio Obata

Verteidigungsattaché
Oberst des Heeres
Matsushima Yusuke

1982. 5. 3.

Admiralarzt Dr. Friedrich Albert Richarz.
Ein sehr enger Freund von mir, ich bin sehr glücklich, Sie wiederzusehen und zu besuchen.
In diesem Lazarett ist alles vortrefflich und hervorragend, ich bin sehr glücklich, es zu sehen.
Vielen Dank Ihrem Lazarett.

Rear Admiral Nesdet Ataç
(Türkei)

Onur Duydum. K. z. Sel E. YÜKSEL

Yakın ilgiye sonsuz teşekkürler ve saygılar. K. z. S. İlker Güven
Marine attaché der Türkei

نتقدم بوافر الشكر الى وزارة الدفاع الالمانية وادارة
المستشفى العسكري في كوبلنز لإتاحة هذه الفرصة
لنا لزيارة المستشفى والاطلاع على النشاطات التي
تجري فيه. كما ونشكر الزملاء الذين رافقونا في الزيارة
وتفضلوا بتقديم الشرح الوافي. لقد اعجبنا بالمستشفى
والنشاطات التي تبذل والخدمات التي يقومون بها. ونتمنى
لزملائنا التقدم والنجاح. ولتوطيد اواصر العلاقات وشكراً

اللواء الطبيب
صباح الدليمي

العميد
محمد صالح الويش

الرائد الطبيب
منيب الجاوشي

١٩٨٢/٦/٢٩

6 Sep 82

It is a great pleasure to revisit the hospital after three years and see all the improvements made since. I have again brought all the good wishes and greetings from the Pakistan Armed Forces Medical Services and hope the cooperation being developed between our medical services grows from strength to strength.

All good wishes. –

Lt Gen
FAHIM AHMAD KHAN
Surgeon General & DMS(S)

6/9/82 PAKISTAN Rawalpindi

Ich fühle mich geehrt.

Kapitän z. See
E. Yüksel (Türkei)

Ich danke ganz herzlich
für die gute Aufnahme.

Kapitän z. See
Ilker Güven
Marineattaché der Türkei

Dem Bundesministerium der Verteidigung und dem Bundeswehrzentralkrankenhaus in Koblenz danken wir verbindlich für die uns gegebene Möglichkeit, das Krankenhaus besuchen und uns über seine Leistungen und Aktivitäten informieren zu können. Gleichzeitig danken wir den Kollegen, die uns während des Rundganges im Krankenhaus begleitet und die Einrichtungen und Möglichkeiten dieses Krankenhauses ausführlich erklärt haben.

Wir sind vom Krankenhaus, den Aktivitäten und Dienstleistungen sehr begeistert; wir wünschen unseren Kollegen Erfolg und Fortschritt und hoffen weiterhin auf gute Kooperation. Mit verbindlichem Dank

Generalstabsarzt	*Oberst i. G.*	*Stabsarzt*
Maná Al-Dulaimy	*Mohammed Saleh*	*Munib Almula*
(Pakistan)	*Younis*	*Huwaisch*

Koblenz, den 29. Juni 1982

6. Sept. 82

Es ist ein großes Vergnügen, das Krankenhaus nach drei Jahren wieder zu besuchen und alle Verbesserungen zu sehen, die seitdem stattgefunden haben

Ich habe wieder alle guten Wünsche und Grüße vom Sanitätsdienst der Pakistanischen Armee überbracht und hoffe, daß die entstandene Zusammenarbeit zwischen unseren Sanitätsdiensten ständig weiter wächst.

Alle guten Wünsche

Fahim Ahmad Khan
Surgeon General and Director Medical
Services Pakistan Armed Forces.
Rawalpindi (Pakistan)

Zur Erinnerung an meinen
1. Dienstaufsichtsaufenthalt am 7.–
8. 9. 82 am Zentralkrankenhaus d. Lw.

Dr. Hanemann

Admiral Doctor Richard –
It has been an honor and pleasure to have known you this past two years, and I am very greatful for the invitation to visit your hospital and for your exceedingly kind hospitality. We have all enjoyed our visit to the hospital (with which we are quite impressed) and also the tour of the city and the fortress. I look forward to a continued comradeship in the years ahead here in Germany and, hopefully, sometime in America.

9 September 1982

Floyd W. Baker, M.D. Major General, US Army
Chief Surgeon, USAEUR / Cdr 7th MEDCOM / Cmd Surg, USEUCOM

إنه لشرف عظيم أن أزور هذا المستشفى
قائد السلاح الطبي
العظيم بصحبة السيد
الألماني والبعثة الحربية السودانية في ظل
الضيافة الفعلية والدعوة الكريمة من القوات
المسلحة الألمانية الصديقة.

فريق طبيب

Lt. General DR.
عبد السلام صالح – Abdel Salam Salih

قائد السلاح الطبي السوداني

9 Nov 82 Thank you for a most enjoyable and informative visit to your great medical center

Anton Hitzelberger, Col MC USA
Cdr Landstuhl Med Cen.

Zur Erinnerung an meinen 1. Dienstaufenthalt vom 7.-8. 9. 82 im Zentralkrankenhaus der Bundeswehr.

Dr. Hammen

Admiral Doctor Richarz - Es ist eine große Ehre und ein Vergnügen gewesen, Sie vor fast zwei Jahren kennenzulernen. Ich bin sehr dankbar für die Einladung, dieses Krankenhaus zu besuchen sowie für die außerordentliche Gastfreundschaft. Wir haben alle die Besichtigung dieses Krankenhauses (von dem wir ganz beeindruckt waren) und auch die Fahrt durch die Stadt und zur Festung genossen.
Ich erwarte für die Zukunft eine fortdauernde Kameradschaft hier in Deutschland und hoffentlich einmal in Amerika.

9. September 1982

Floyd Baker, M.D.
Major General, US Army, Chef Surgeon
USAEUR/Cdr 7th MEDCOM/Cmd
Surg, USEUCOM

Ich habe mich sehr gefreut, daß ich dieses Haus mit zwei Begleitern des deutschen Sanitätsdienstes und dem sudanesischen Militärattaché besuchen konnte. Ich danke Ihnen für diese Einladung!
Alles in diesem Hause hat mir gefallen! Vielen Dank!

Abdel Salam Salih, Generalleutnant
(Sudan)

9. Nov. 82.
Ich danke Ihnen für eine sehr genußreiche und lehrreiche Besichtigung Ihres großen medizinischen Zentrums.

Anton Hitzelberger
Colonel Medical Corps USA Commander
Landstuhl
Med. Center

Obgleich,

Dienstbesuch 16. Dezember 1982

Dr. Joachim [illegible]

Stv des BMVg

Hommage à l'hôpital de la Bundeswehr de Coblence. Je remercie le médecin chef et ses collaborateurs de leur accueil.

Je souhaite que ma visite serve à renforcer les liens qui unissent déjà l'hôpital à son homologue de Trèves et par là, ceux que je souhaite voir se développer entre nos deux services et nos deux pays.

le 16 02 83

M.G. Lancelot

Médecin en chef CASTERA

Pharmacien Pal S. SOLAR

Médecin en chef Le Bourdonnel

[illegible]

Dr. Joh. Bapt. Rösler

Bürgerbeauftragter des Landes Rheinland-Pfalz

11. 5. 1983

Dienstbesuch 16. Dezember 1982
Dr. Joachim Hiehle
Staatssekretär des Bundesministers
der Verteidigung

Unsere Hochachtung dem Bundeswehrzentralkrankenhaus Koblenz. Ich danke dem Chefarzt und seinen Mitarbeitern für ihren Empfang. Ich hoffe, daß mein Besuch zur Verstärkung unserer Beziehungen dient, die zwischen diesem Krankenhaus und dem Hospital in Trier bereits bestehen. Ich hoffe, daß sich das Band zwischen unseren Sanitätsdiensten und unseren beiden Ländern weiter festigen möge.

Am 6. 02. 83.

Médecin Général Poncelet

Médecin en Chef CASTERA *Médecin en Chef Le Bredonchel*

Pharmacien Principal S. SOLAR

Dr. Joh. Baptist Rösler
Bürgerbeauftragter des Landes Rheinland-Pfalz
11. 5. 1983

K. Böckmann 11. 5. 83

Innenminister des Landes Rhl. - Pfalz

Mit allen guten Wünschen für das Krankenhaus und sein Rettungszentrum.

11.5.83 [illegible], GOSA

4.7.84

Mein heutiger Informationsbesuch hat mir den Leistungsstand, aber auch die Probleme des Bundeswehrkrankenhauses aufgezeigt.

Ich werde im Rahmen meiner Möglichkeiten um Unterstützung bemüht sein.

Dr. Wolfgang Weng MdB
OStAp. d. Res.

Als Kranker habe ich mich in Ihrem Hause immer wohl gefühlt. Herzlichen Dank!

[illegible]
19. 2. 1986

Ängste nehmen, Schmerzen lindern u. Erkrankungen möchten wir heilen.

Dr. Ernst Müller
Admiralarzt und Chefarzt
aus Kolberg in Koblenz, den 19.2.1986

K. Böckmann *11. 5. 83*
Innenminister des Landes Rheinland-Pfalz

Mit allen guten Wünschen für das Krankenhaus und sein Rettungszentrum.
11. 5. 83. *Dr. Linde, GOSA (Generaloberstabsarzt)*

4. 7. 84

Mein heutiger Informationsbesuch hat mir den Leistungsstand, aber auch die Probleme des Bundeswehrkrankenhauses aufgezeigt.
Ich werde im Rahmen meiner Möglichkeiten um Unterstützung bemüht sein.

Dr. Wolfgang Weng, Mitglied des Bundestages
Oberstabsapotheker d. Reserve

Als Kranker habe ich mich in Ihrem
Hause immer wohl gefühlt. Herzlichen Dank!

Helmut Schmidt
19. 2. 1986

Ängste nehmen, Schmerzen lindern und
Erkrankungen möchten wir heilen.

Dr. Ernst Müller
Admiralarzt und Chefarzt aus Kolberg
in Koblenz, den 19. 2. 1986

Stets gern die Besuche bei Ihnen und um Unterstützung nach meinen Möglichkeiten bemüht.

23.11.87

A. [illegible]
Präsident WBV IV

Nach genau 161½ Jahren schließt sich ein einmaliges Buch. Millionen kranker Menschen fanden in dieser Zeit hier Hilfe und Heilung. Dafür sei allen Ärzten, Assistenten, Schwestern und Pflegern, die je im „Koblenzer Lazarett" tätig waren, stellvertretend für alle hier Gesundgewordenen von Herzen Dank gesagt!

Koblenz, den 18. Oktober 1987

[illegible]

Generalstabsarzt und
Stellvertreter des Inspekteurs
des Sanitäts- und Gesundheitswesens.

Stets gerne zu Besuch bei Ihnen und um Unterstützung nach meinen Möglichkeiten bemüht.
23. 11. 87.

Dr. Tegethoff
Präsident der WBV IV
(Wehrbereichsverwaltung IV)

Nach genau 161 1/2 Jahren schließe ich ein einmaliges Buch. Millionen kranker Menschen fanden in dieser Zeit hier Hilfe und Heilung. Dafür sei allen Ärzten, Assistenten, Schwestern und Pflegern, die je im „Koblenzer Lazarett" tätig waren, stellvertretend für alle hier Gesundgewordenen von Herzen Dank gesagt!
Koblenz, den 18. Oktober 1987

Dr. Gunter Desch
Generalstabsarzt und Stellvertreter des
Inspekteurs des Sanitäts- und Gesundheitswesens.

Multum egerunt,
qui ante nos fuerunt,
sed non peregerunt.

Lucius Annaeus Seneca
(4 v. - 65 n. Chr.)

Vieles haben die vollbracht,
die vor uns gewesen sind;
doch sie haben es nicht vollendet.

Biographische Beiträge zum Besichtigungsbuch

Brandenstein, Friedrich August Karl v. (1786 - 1857).
Oberstleutnant, Chef des Generalstabes des VIII. Armee-Corps in Coblenz (1824).
v. Brandenstein war zunächst Page bei König Friedrich Wilhelm III. und absolvierte dann von 1802 - 1806 ein Universitätsstudium. 1806 wurde er in das preußische 30. Infanterie-Regiment übernommen. Bei der Verteidigung Colbergs bewährte er sich in hervorragendem Maße (drei Stürme auf den Wolfsberg). Er wurde mit dem Orden *Pour le Mérite* ausgezeichnet.
1808 stand er beim Leib-Infanterie-Regiment, 1812 wurde er zum Generalstab versetzt und nahm im Rahmen des Yorckschen Corps an mehreren Gefechten gegen die Russen teil.
In den Befreiungskriegen zeichnete er sich im Generalstabsdienst in den Schlachten von Großgörschen, Bautzen, Dresden, Kulm, Leipzig, Bar-sur-Aube, La Rothière, Etoges und Fère Champenoise aus, seit Januar 1814 als Verbindungsoffizier zum österreichischen Feldmarschall Fürst Schwarzenberg. 1815 wurde er als Major zum Stabe des III. Armee-Corps (General v. Thielmann) versetzt und bewährte sich wiederum in der Schlacht von Ligny und dem Gefecht von Wavre.
Von 1816 - 1821 tat er beim Generalstab der Armee in Berlin Dienst und wurde danach Chef des Generalstabes des IV. Armee-Corps. Von 1824 - 1835 befand er sich in gleicher Stellung beim VIII. Armee-Corps in Coblenz (zuletzt als Oberst). In dieser Eigenschaft nahm er auch die Eintragung in das Besichtigungsbuch des Garnisonlazaretts vor.

1835 wurde v. Brandenstein Kommandeur der 5. Landwehr-Brigade, 1838 als Generalmajor Kommandeur der 7. Infanterie-Brigade in Magdeburg. 1842 übernahm er das Kommando über die 4. Division in Stargard. 1844 - 1849 war er als Generalleutnant Kommandeur der 9. Division in Glogau und ad interim Erster Kommandant daselbst.

Friedrich August Karl v. Brandenstein (1786-1857)
Abb. aus Priesdorff

Priesdorff V, 9 und 303-304

Fiebig, Johann Wilhelm Gustav v.
Oberst und 3. Inspekteur der Artillerie. Zeichnete sich in den Befreiungskriegen aus und erwarb den Orden *Pour le Mérite.*

Anmerkung:
Die Reihenfolge der biographischen Beiträge entspricht der chronologischen Folge der Eintragungen im Besichtigungs- und Besucherbuch.
Bei Ortsnamen und Truppenverbänden wurde die Schreibweise der damaligen Zeit (z. B. Coblenz, Cöln und Armee-Corps) beibehalten.

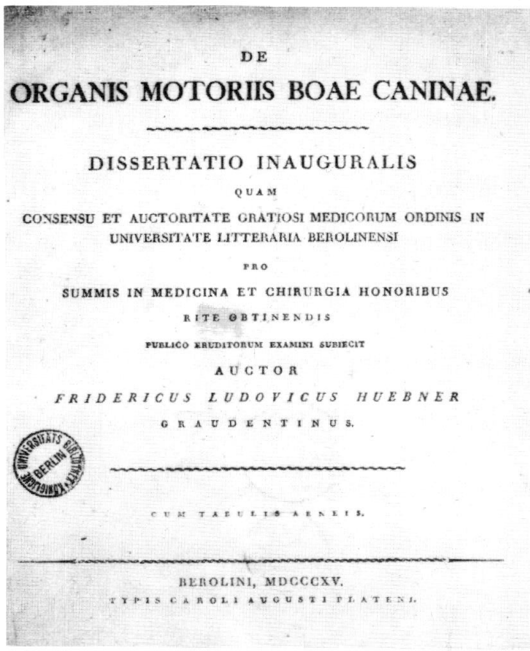
DE

ORGANIS MOTORIIS BOAE CANINAE.

DISSERTATIO INAUGURALIS

QUAM

CONSENSU ET AUCTORITATE GRATIOSI MEDICORUM ORDINIS IN UNIVERSITATE LITTERARIA BEROLINENSI

PRO

SUMMIS IN MEDICINA ET CHIRURGIA HONORIBUS

RITE OBTINENDIS

PUBLICO ERUDITORUM EXAMINI SUBIICIT

AUCTOR

FRIDERICUS LUDOVICUS HUEBNER

GRAUDENTINUS.

CUM TABULIS AENEIS.

BEROLINI, MDCCCXV.

TYPIS CAROLI AUGUSTI PLATENI.

Titelblatt der Dissertation von Friedrich Ludwig Hübner (1785-1850)

Quelle: Universitätsbibliothek Humboldt-Universität Berlin

Stadtarchiv Koblenz: Best. 623, Nr. 2046
Landeshauptarchiv Koblenz: Best. 402, Nr. 597, Blatt 17
Handbuch für Bewohner der Stadt Koblenz, 1823, B. Heriot, Coblenz
Callisen, A.C.P.: Medicinisches Schriftsteller-Lexikon, Copenhagen 1831 ff., Bd. IX, 210
Schickert, O.: Die militärärztlichen Bildungsanstalten, Berlin 1895

Othegraven, Karl Thomas v. (1769 - 1844).
1823 Generalmajor, ab 1818 Kommandeur der 15. Infanterie-Brigade und später der 15. Division in Cöln. 1836 Generalleutnant.

Hübner, Friedrich Ludwig (1785 - 1850).
Dr. med., Generalarzt und Corpsarzt des VIII. Armee-Corps in Coblenz von 1829 — 1848.
Hübner wurde 1785 in Graudenz geboren. Als Eleve und Anwärter für die chirurgische und spätere militärärztliche Laufbahn trat er in die 1795 gegründete Pépinière ein und studierte an der Medizinisch-chirurgischen Akademie für das Militär in Berlin.
Das Studium wurde durch die Wirren nach 1806 und durch die Befreiungskriege unterbrochen und verzögert. Nach Beendigung des Studiums promovierte Hübner 1815 als erster Stabschirurg der Pépinière und Absolvent der Akademie. Die öffentliche Verteidigung seiner Dissertation an der 1811 gegründeten Universität Berlin rief großes Aufsehen hervor. Nach der vorgeschriebenen einjährigen Ausbildung an der Charité wurde Hübner 1816 als Regimentschirurg zur 8. Artillerie-Brigade nach Trier versetzt. Dort wurde ihm gleichzeitig die Leitung des Garnisonlazareths als Lazareth-Dirigent übertragen.
1823 wurde Hübner - nunmehr Regimentsarzt (1819 war die Umbenennung der Regiments- und Bataillonschirurgen in -ärzte erfolgt) - mit der 8. Artillerie-Brigade nach Coblenz verlegt.
1825 erfolgte Hübners Berufung zum General-Divisionsarzt. Nachdem 1828 die Stellung der bisherigen General-Divisionsärzte in Generalärzte der Corps umgewandelt wurde, erfolgte 1829 Hübners Ernennung zum Generalarzt und Corpsarzt beim VIII. Armee-Corps in Coblenz. Hübner verblieb bis zu seiner Verabschiedung im Jahre 1848 in dieser Stellung. Er starb 1850 in Coblenz.

Lucadou, Johann Paul Franz v. (1783 - 1860).
Oberst. Kommandeur des 25. Infanterie-Regiments.
Der in der französischen Schweiz (Morges bei Lausanne) Geborene trat 1796 in Berlin als Kadett in die preußische Armee ein, wurde 1797 Unteroffizier, 1801 Fähnrich im 21. Infanterie-Regiment und 1804 Secondelieutenant. 1806/07 nahm er an der Schlacht bei Auerstedt und der Verteidigung von Colberg teil. 1808 dem Leib-Infanterie-Regiment zugeteilt, wurde er 1812 Kapitän und Kompaniechef. Mit dem Regiment zog er im gleichen Jahr im Corps Yorck in den Feldzug gegen Rußland. Seine Leistungen wurden in einem Corpsbefehl gewürdigt.

Im März 1813 entsandte ihn General v. Yorck von Berlin aus mit 200 Mann an die Niederelbe zur Unterstützung des russischen Oberst v. Tettenborn bei der Entfachung von Aufständen gegen die Franzosen. In den Gefechten bei Ochsenwerder und Zollenspieker zeichnete er sich aus. Nachdem er die Aufstellung des III. (Lübecker) Bataillons der Hanseatischen Legion übernommen hatte, wurde er vom König zurückbeordert und dem 2. Garde-Regiment zu Fuß zugeteilt, in dessen Reihen er an den Schlachten von Leipzig und Paris teilnahm. Nachdem er vorübergehend vertretungsweise das Kommando über das Garde-Schützen-Bataillon geführt hatte, übernahm er 1816 das ihn besonders ehrende Kommando eines Militärbevollmächtigten am Zarenhof in St. Petersburg. Er beobachtete verschiedene Manöver und beschäftigte sich mit russischen Reglements. 1820 aus Rußland zurückgekehrt, wurden ihm die Aufgaben eines Flügeladjutanten des Königs übertragen, den er auf einer Reise zum Kongreß in Verona begleitete. 1826 kehrte er in den Frontdienst zurück und übernahm das Kommando des damals in Coblenz-Ehrenbreitstein stationierten 25. Infanterie-Regiments. Aus diesem Jahr rührt seine Eintragung in das Besichtigungsbuch.
1833 wurde er zum Kommandeur der 11. Infanterie-Brigade ernannt und 1835 zum Generalmajor befördert. 1841 schied er mit dem Charakter als Generalleutnant aus der Armee aus und verbrachte seinen Lebensabend auf seinem Gut Rohrau (Kreis Wohlau/Schlesien). Eine späte Ehrung für seine 50 Jahre zurückliegenden Verdienste um die Verteidigung Colbergs wurde ihm 1857 durch die Verleihung der Ehrenbürgerschaft zuteil.

Johann Paul Franz v. Lucadou (1783-1860)
Abb. aus Priesdorff

Priesdorff V, 247-251

Wrangel, Friedrich Graf v. (1784 - 1877).
Generalleutnant. Kommandeur der 15. Division in Cöln.
Wrangel trat bereits mit zwölf Jahren als Gefreitenkorporal in die preußische Armee ein und nahm mit Auszeichnung als Secondelieutenant am Kriege von 1806/07 teil. Im Feldzug von 1813/14 bewährte er sich als Major in hohem Maße im ostpreußischen Kürassier-Regiment und übernahm 1814 als Oberstleutnant das Kommando des 2. westpreußischen Dragoner-Regiments. 1823 führte er als Generalmajor die 10. Kavallerie-Brigade, übernahm 1826 das Kommando der 15. Division (Cöln) und 1834 der 13. Division in Münster, wo er 1837 gegen aufrührerische Bewegungen scharf durchgriff. 1839 wurde er als Generalleutnant Kommandierender General des I. und 1842 des II. Armee-Corps, 1847 Gouverneur von Berlin. 1848 wurde ihm das Kommando über das im Rahmen der Truppen des Deutschen Bundes gegen Dänemark kämpfende preußische Corps übertragen. Im November 1848 gelang es ihm, durch einen Ein-

>

Friedrich Graf v. Wrangel (1784-1877)
Quelle: Bildarchiv Bundesarchiv Koblenz

marsch in Berlin ohne Blutvergießen die Autorität der Regierung wiederherzustellen. Im gleichen Jahr wurde er zum General der Kavallerie befördert und 1849 zum Oberkommandierenden in den Marken und Kommandierenden General des III. Armee-Corps ernannt.
1856 erreichte ihn anläßlich seines 60jährigen Dienstjubiläums die Beförderung zum Generalfeldmarschall. Ein Jahr später gab er das Kommando über das III. Armee-Corps ab. Im Feldzug 1864 war er Oberkommandierender der österreichisch-preußischen Truppen. Noch im gleichen Jahr gab er das Amt des Gouverneurs der Stadt Berlin ab.

Priesdorff VI, 263-277

Ryssel, Anton Friedrich Carl v. (1773 - 1833).
Generalleutnant. Kommandeur der 16. Division in Trier.

Thile, Adolf Eduard v. (1784-1861).
Generalmajor. Kommandeur der 2. Garde-Landwehr-Brigade. Kommandierender General des VIII. Armee-Corps von 1840-1848.
v. Thile trat mit elf Jahren als Gefreitenkorporal in preußischen Infanteriedienst und wurde 1798 Secondelieutenant im 8. Infanterie-Regiment. 1806 nahm er an der Schlacht bei Auerstedt und - zur russischen Armee kommandiert - an der Schlacht von Pultusk teil. 1807 wurde er in den Generalstab übernommen und 1808 in dieser Eigenschaft bei General v. Kleist und 1811 in Pommern verwendet. Im Feldzug von 1812 gegen Rußland nahm er an mehreren Gefechten teil. Ende des Jahres 1812 war er der Überbringer der bedeutsamen Nachricht des Abschlusses der Konvention von Tauroggen an den König. In den Befreiungskriegen befand er sich wiederum in Generalstabsstellungen, zunächst bei General v. Kleist, 1815 - nunmehr als Oberst - im Stabe des Generalfeldmarschalls v. Blücher. Er

<

Adolf Eduard v. Thile (1784-1861)
Abb. aus Priesdorff

zeichnete sich in zahlreichen Schlachten - so unter anderem bei Bautzen, Kulm, Leipzig, Ligny und Belle-Alliance (Waterloo) - aus.

Nach den Kriegen folgten Truppenkommandos. 1816 übernahm er das Kommando des 33. Infanterie-Regiments, 1820 als Generalmajor das der 2. Garde-Landwehr-Brigade. 1830 wurde er Kommandeur der 7. Division (Magdeburg), mit der er im gleichen Jahre wegen Gefährdung der Westgrenze infolge Revolution in Frankreich vorübergehend in den Raum von Cöln rückte.

1835 - inzwischen zum Generalleutnant befördert - verweilte er einige Zeit in Oberitalien bei Feldmarschall v. Radetzky zur Beobachtung österreichischer Truppenbewegungen. 1838 wurde ihm das Kommando über das III. Armee-Corps übertragen. 1840 übernahm er als Kommandierender General das VIII. Armee-Corps in Coblenz, das er bis zu seinem Dienstzeitende führte. Er wurde als hervorragender und außerordentlich beliebter *Kommandierender* beschrieben. 1846 führte er im Auftrage des Bundes in Verbindung mit kurhessischen und oldenburgischen Offizieren eine Besichtigung der badischen Truppen durch, über die er einen eingehenden Bericht erstattete. 1847 wurde er im Anschluß an eine Besichtigung seines Corps durch den König zum General der Infanterie befördert. 1848 wurden das VII. und VIII. Armee-Corps teilmobilisiert. Nach nunmehr über fünfzig Dienstjahren fühlte sich v. Thile den Anstrengungen nicht mehr gewachsen und beantragte seine Versetzung in den Ruhestand. Seinen Lebensabend verbrachte er in Frankfurt a. d. Oder.

Priesdorff IV, 382-385

Paalzow. 1826 Major und Abteilungskommandeur in der 7. Artillerie-Brigade. 1834 als Oberstleutnant pensioniert.

Friedrich Wilhelm **August** Prinz von Preußen (1779 -1843). General der Infanterie. Generalinspekteur und Chef der Artillerie.

Der Genannte wurde 18jährig Offizier und mit 24 Jahren Major und Kommandeur eines Grenadier-Bataillons. Obwohl überaus tapfer kämpfend, geriet er 1806 bei Prenzlau in französische Gefangenschaft. 1807 Generalmajor, wurde er 1808 Generalinspekteur der Artillerie und Chef des ostpreußischen Artillerie-Regiments. Der Neuaufbau der Artillerie im stark verkleinerten preußischen Heer war sein Verdienst.

Am 1.3.1813 - unmittelbar vor Ausbruch des Befreiungskrieges - wurde ihm der Posten des Kommandierenden Generals der Artillerie im Felde übertragen. Er nahm an den Schlachten von

Großgörschen und Bautzen teil und führte im Herbst- und Winterfeldzug eine Brigade. In den Ablauf der Schlacht von Kulm griff er in einem entscheidenden Augenblick ein.
Als weitblickender und humaner Truppenführer machte er Vorschläge für die Errichtung von Sanitätskompanien, die jedoch weder im Feldzug 1814 noch in dem von 1815 realisiert wurden.

<

Prinz August von Preußen (1779-1843)
Quelle: Bildarchiv Preußischer Kulturbesitz

1815 erhielt er wiederum das Kommando über die gesamte preußische Artillerie. Bei der Belagerung der nordfranzösischen Festungen zeichnete er sich aus und übernahm vorübergehend das II. Armee-Corps. Er wurde zum General der Infanterie befördert. Wiederum zum Generalinspekteur der Artillerie ernannt, widmete er sich in der Folgezeit mit Hingabe und Ausdauer dem Ausbau der Artilleriewaffe, setzte eine neue Struktur durch und war um die technische Verbesserung des Geschützmaterials und Verbesserung der Bespannung bemüht. In besonderem Maße förderte er auch die wissenschaftliche Fortbildung der Artillerieoffiziere. Im Zuge seiner Dienstreisen wird er wiederholt nach Coblenz gelangt sein und hierbei seine Eintragungen vorgenommen haben.

Beiheft zum Militärwochenblatt Nov./Dez. 1851
Priesdorff III, 276-283

Jaski (Köhn von Jaski), Andreas Ernst v. (1768-1846).
Direktor des Militair-Ökonomie-Departments im Kriegsministerium (ab 1825). 1818 Generalmajor, 1831 Generalleutnant. 1835 Gouverneur in Königsberg.

Tuchsen, Ernst v. (1775-1839).
Oberst und Kommandeur der 7. Artillerie-Brigade in Cöln und Münster (1821-1834). Später Generalmajor.

Pfuel, Ernst Adolph Heinrich v. (1779-1866).
Generalmajor. 1830 Kommandeur der 15. Division und Erster Kommandant von Cöln. 1838 Kommandierender General des VIII. Armee-Corps in Coblenz. 1844 General der Infanterie. 1848 Gouverneur von Berlin, Inspekteur der 2. Armee-Inspektion. Vom 21.9.-1.11.1848 Geheimer Staats-, Kriegsminister und Ministerpräsident. 1849 in Pension.

Pour le Mérite (gestiftet 1740)

Hülsen, Hans Jakob Fürchtegott Kasimir v. (1776-1849).
Oberst im Kriegsministerium. Erwarb als Premierlieutenant im Feldzug 1806/07 den Orden *Pour le Mérite*. Als Major 1815 schwer verwundet, wurde er 1817 in das 4. Department des Kriegsministeriums berufen. Hier unterstand ihm das Bekleidungswesen der Armee. In dieser Stellung, die er 21 Jahre ausübte, wurde er Oberst und erhielt 1835 den Rang eines Generalmajors.

Boyen, Ludwig Wilhelm Otto Karl v. (1780-1845).
Generalmajor. Kommandeur der 15. Infanterie-Brigade (1831). 1837 Kommandant von Minden. 1842 Generalleutnant.

Hofmann, Georg Wilhelm v. (1777-1860).
Generalmajor. Kommandeur der 16. Division in Trier.

Frankenberg und Proschlitz, Friedrich Heinrich Joseph Karl Ferdinand Felix v. (1791-1858).
1826 Major. Kommandeur der 8. Artillerie-Brigade in Coblenz (1831). 1840 Oberst. 1851 Generalleutnant.

Dohna-Schlobitten, Friedrich Karl Emil Graf zu (1784-1859).
1822 Generalmajor. 1834 Kommandeur der 16. Division. 1854 Abschied mit dem Charakter als Generalfeldmarschall.

Nach Eintritt in die preußische Armee als Neunjähriger wurde Graf zu Dohna 1800 Secondelieutenant und1805 dem Generalstab zugeteilt. Im Feldzug 1806/07 nahm er an zahlreichen Gefechten mit Auszeichnung teil. 1808 wurde er Stabskapitän im Generalstab. 1810 arbeitete er im Büro des Generals v. Scharnhorst. 1812 schied er wegen des Bündnisses von Preußen mit Frankreich aus der preußischen Armee aus und trat in russische Dienste, und zwar als Major in die Kavallerie der russisch-deutschen Legion. Zum Oberstleutnant befördert, befehligte er das 2. Husaren-Regiment dieser Legion. 1814 kehrte er in preußische Dienste zurück und übernahm als Oberst das Kommando des aus den Husaren der russisch-deutschen Legion hervorgegangenen 8. Ulanen-Regiments, mit dem er 1815 an der Schlacht bei Ligny und dem Gefecht von Wawre teilnahm.1820 wurde Graf zu Dohna Kommandeur der 14. Kavallerie-Brigade, 1822 erfolgte seine Beförderung zum Generalmajor. 1832 wurde ihm das Kommando der 16. Division (Trier) übertragen, deren Truppenteile teilweise in Coblenz stationiert waren. Daher rühren seine Eintragungen in das Besichtigungbuch des Garnisonlazaretts Coblenz. 1837 zum Generalleutnant befördert, wurde er 1839 Kommandierender General des II. Armee-Corps, 1842 des I. Armee-Corps.
1848 zum General der Kavallerie ernannt, erhielt er 1854 den Abschied mit dem Charakter als Generalfeldmarschall.

Friedrich Karl Emil Graf zu Dohna-Schlobitten (1784-1859)
Quelle: Bildarchiv Bundesarchiv Koblenz

Priesdorff V, 257-264

Pomowitz, Wirklicher Geheimer Kriegsrat im Kriegsministerium. Leiter der 4. Abteilung für das Servis- und Lazarettwesen.

Hüser, Johann Gustav Heinrich Adolf v. (1782-1857).
1834 Oberst. 1835 Generalmajor. Kommandeur der 16. Infanterie-Brigade.

Hirschfeld, Karl Friedrich Wilhelm Ulrich Moritz v. (1790-1859).
1838 Oberst und Kommandeur der 15. Infanterie-Brigade.
1846 Kommandeur der 1. Division. 1847 Generalleutnant.
1848 vorübergehend Kommandeur der 15. Division in Cöln.
1849-1859 Kommandierender General des VIII. Armee-Corps in Coblenz. 1849 Führer eines der beiden preußischen Corps beim badischen Feldzug. Ab 1856 General der Infanterie.
1859 Militärgouverneur der Rheinprovinz.

Moritz v. Hirschfeld (1790-1859)
Nach Miniatur aus Familienbesitz

Rohr, Eugen Ferdinand Wilhelm Ludwig v. (1782-1851).
1830 Generalmajor. 1837 Direktor des Militair-Ökonomie-Departments im Kriegsministerium.

Friedrich **Wilhelm** Prinz von Preußen (1797-1888).
1861 König von Preußen, 1871 Deutscher Kaiser.
Der als zweiter Sohn König Friedrich Wilhelms III. geborene Prinz nahm als Sechzehnjähriger an den Feldzügen von 1813/14 teil, wurde 1814 Major und 1817 als Oberst Kommandeur des I. Bataillons des 1. Garde-Regiments zu Fuß. 1818 übernahm er als Generalmajor das Kommando der 1. Garde-Infanterie-Brigade, 1820 der 1. Garde-Infanterie-Division. 1825 zum Generalleutnant befördert, wurde er Kommandierender General des III. Armee-Corps und 1838 des Garde-Corps. 1840 General der Infanterie, wurde er 1848 Gouverneur der Rheinlande und Westfalens. 1849 führte Prinz Wilhelm im badischen Feldzug den Oberbefehl über die eingesetzten Interventionstruppen. 1854 wurde ihm der Dienstgrad eines Generalobersten mit dem Rang als Generalfeldmarschall verliehen. Nach Übernahme der Regentschaft für seinen erkrankten Bruder wurde er nach dessen Tode 1861 zum König von Preußen gekrönt. Mit Bismarck als Ministerpräsident setzte er die Heeresreform gegen den Willen des Parlaments durch und trat 1864 gemeinsam mit Österreich in den Krieg gegen Dänemark wegen Schleswig-Holstein ein. 1866 führte er zusammen mit den norddeutschen Staaten Krieg gegen Österreich und die mittel- und süddeutschen Staaten um die Vorherrschaft in Deutschland.
1871 - während des Krieges mit Frankreich - wurde er zum Deutschen Kaiser proklamiert und trat damit an die Spitze des Bundesstaates Deutsches Reich.
Das Aufblühen des Deutschen Reiches wurde durch den Kulturkampf und den Sozialistenkonflikt überschattet. Dessen ungeachtet genoß der Alte Kaiser in breiten Kreisen allgemeine Verehrung.

Priesdorff VII, 31-51

François, Karl Wilhelm v. (1785-1855).
1832 Oberst, 1837 Kommandeur der 16. Infanterie-Brigade. 1839 Generalmajor. 1845 Kommandant von Minden. 1846 Generalleutnant. 1851 verabschiedet.

Stricker, Wirklicher Geheimer Kriegsrat im Kriegsministerium.

Colomb, August Peter v. (1775-1854).
Generalleutnant. 1838 Kommandeur der 15. Division in Cöln. v. Colomb trat 1792 als Junker in das preußische Husaren-Regiment Nr. 2 ein und wurde 1797 Secondelieutenant im selben Regiment. 1806 bewährte er sich bei der Verteidigung von Lübeck.

Wilhelm Prinz von Preußen

Lithographie um 1835
Quelle: Bildarchiv Preußischer Kulturbesitz

August Peter v. Colomb (1775-1854)
Abb. aus Priesdorff

1809 trat er als Premierlieutenant zum brandenburgischen 3. Husaren-Regiment und wurde 1811 Stabsrittmeister. Zu Beginn des Feldzuges im Jahre 1813 übernahm er das Freiwillige Jägerdetachement seines Regiments und erwarb sich mit diesem, wie auch später beim leichten Garde-Kavallerie-Regiment, einen bedeutenden Ruf bei der Durchführung kühner Streifzüge bis weit in das Hinterland des Gegners. So vernichtete er am 29. Mai 1813 im Rücken der Franzosen bei Zwickau mit nur 80 reitenden Jägern einen großen Geschützpark.

1815 übernahm v. Colomb, der übrigens ein Schwager Blüchers war, das Kommando des neugebildeten 7. Husaren-Regiments. 1829 wurde er als Generalmajor Kommandeur der 12. Kavallerie-Brigade und 1838 (seit 1839 als Generalleutnant) der 15., in Cöln stationierten, Division. Aus dieser Zeit stammt die Eintragung in das Besichtigungsbuch des Lazaretts Coblenz, in dessen Einzugsbereich die Füsilier-Bataillone der zur 15. Division gehörenden Infanterie-Regimenter Nr. 25 und Nr. 28 lagen.

1843 wurde v. Colomb zum Kommandierenden General des V. Armee-Corps, 1848 zum Kommandanten von Königsberg i.Pr. ernannt. 1849 schied er als General der Infanterie aus der Armee aus.

Priesdorff V, 117-121

Müffling, gen. Weiß, Wilhelm Freiherr v. (1778-1858).
1835 Generalleutnant. 1839-1843 Kommandant und Gouverneur von Coblenz und Ehrenbreitstein. Beigesetzt in Horchheim bei Coblenz.

Jaeger von Jaxtthal, Friedrich (1784-1871).
Professor der Augenheilkunde am Josephinum in Wien. K.K. Rath und Stabsfeldarzt.
Jaeger wurde als Sohn des ehemaligen Leibchirurgen des Herzogs Karl von Württemberg in Kirchberg an der Jagst (Fürstentum Hohenlohe) geboren. Nach Erreichen der Gymnasialreife begann er das Medizinstudium an der Universität Würzburg. 1803 folgte er seinem älteren Bruder nach Wien, der dort Assistent bei Prof. Beer, dem Begründer der wissenschaftlichen Augenheilkunde, war. Friedrich Jaeger wurde ebenfalls Schüler von Prof. Beer und stieg rasch zu dessen engstem Mitarbeiter auf. Bei Ausbruch des Krieges 1809 folgte er dem Aufruf zum Eintritt in den militärischen Dienst. Bald darauf wurde ihm die Leitung der chirurgischen Abteilung des Wiener Garnisonspitals übertragen. Nach dem Friedensschluß kehrte er Ende 1809 aus

<

Friedrich Jaeger v. Jaxtthal (1784-1871)
Lithographie von Staub nach einem Gemälde von J. Ender
Quelle: Institut für Geschichte der Medizin der Universität Wien

dem Mitlitärdienst an die Wiener Universität zurück, um dort seine praktische Ausbildung fortzusetzen. 1812 trug ihm der kaiserliche Leibarzt die Professur für Augenheilkunde an der Universität Pest an, die er ebenso wie eine 1819 angetragene Professur in Bonn ablehnte.
1816 wurde Jaeger von Staatskanzler Fürst Metternich als Patient konsultiert. Später wurde Jaeger Vertrauter und Freund des Fürsten Metternich, der ihn zu seinem ständigen Leibarzt auf Reisen berief. Auf der Heimreise vom Aachener Kongreß 1818 wurde Jaeger vom König von Preußen persönlich mit der Mission betraut, in Mainz die daselbst von der *egyptischen Augenentzündung* stark heimgesuchte preußische Garnison zu untersuchen und seine Ansichten über den Grund des dort fast endemischen Auftretens dieser Krankheit, sowie die Mittel dage-

gen, dem König unmittelbar bekanntzugeben. Denn während diese Krankheit unter der preußischen Besatzungsmannschaft durch mehrere Jahre hindurch herrschte und trotz Wechseln der Garnisontruppen konstant blieb, ist zur gleichen Zeit unter der gleich starken österreichischen Garnison nicht ein derartiger Erkrankungsfall vorgekommen.

Wir dürfen als wahrscheinlich annehmen, daß Jaeger bei seinem späteren Besuch im Coblenzer Garnisonlazarett im Jahre 1842 ebenfalls von höherer Stelle zum Konsil gebeten wurde und dabei eine offizielle Besichtigung vornahm. Die damaligen Vorschriften bestimmten, daß der Besuch der Lazarettgebäude und die Kenntnisnahme von den Einrichtungen eines Lazaretts durch Offiziere und Beamte fremder Mächte, sowie durch andere, nicht dazu befugte Personen nur auf Grund schriftlicher Genehmigung des Kommandanten oder des obersten Militärbefehlshabers des Ortes stattfinden durfte.

1826 wurde Jaeger die Lehrkanzel für Augenheilkunde an der Josephs-Akademie in Wien übertragen, die er bis 1848 innehatte. Als Jaegers Ruf als einer der hervorragendsten Augenärzte und Operateure in Deutschland seinen Höhepunkt erreicht hatte, erhielt er 1831 erneut einen Ruf an die Universität Bonn. Jaeger lehnte wiederum ab.

Die von ihm angestrebte Stellung als Direktor des Josephinums in Wien und als Oberster Feldarzt wurde Jaeger nicht zuteil. Die Josephs-Akademie wurde 1848 als selbständige Lehranstalt aufgelöst und mit der Universität vereinigt. Jaeger wurde gemeinsam mit allen anderen Lehrern dieser Akademie in den Ruhestand versetzt. Als hochangesehener Augenarzt war Jaeger danach noch viele Jahre - bis zu seinem 80. Lebensjahr - klinisch und ambulant tätig.

Kirchenberger, S.: Lebensbilder hervorragender österreichischer Militär- und Marineärzte, 1913, 83-89

Preyss, G.: Das Leben und Wirken des k. u. k. Raths, Stabsfeldarzts und Professors der Augenheilkunde am Josephinum Dr. Friedrich Jaeger v. Jaxtthal, Wien 1877

Österreichisches Biographisches Lexikon 1815-1950, herausgegeben von d. österreichischen Akademie d. Wissenschaften, Bd. 3, 1965, 58

Wyklicky, H.: Das Josephinum, Biographie eines Hauses, Wien 1985

Grimm, Heinrich Gottfried (1804-1884).

Dr. med., Generalstabsarzt der Armee von 1851-1879.

Grimm wurde als Sohn eines Wundarztes am 21. Juni 1804 in Sargstedt bei Halberstadt geboren. Nach Besuch des Domgymnasiums zu Halberstadt trat er 1821 in das Friedrich-Wilhelms-Institut in Berlin ein. Nach Absolvierung der Studienzeit und des Charité-Jahres promovierte er 1826. Anschließend kam er als Kompaniechirurg zum 25. Infanterie-Regiment nach Coblenz. Von 1827-1829 wurde er in das Bureau des Generalstabsarztes v. Wiebel kommandiert und nach Ablegung der Staatsprüfungen 1829 zum Garde du Corps nach Potsdam versetzt. 1830 wurde er während des polnischen Aufstandes Leiter eines leichten preußischen Feldlazaretts, wobei er schwer an Flecktyphus erkrankte. 1831 zum Stabsarzt befördert, wurde ihm 1832 eine längere wissenschaftliche Ausbildungsreise durch England, Schottland, Frankreich und Italien ermöglicht. Von 1833 bis 1835 erhielt er eine chirurgische Ausbildung an der Berliner Charité, von 1835 bis 1838 folgte eine Verwendung als Regimentsarzt beim 1. Garde-Ulanen-(Landwehr)-Regiment.

1838 wurde Grimm Subdirektor der militärärztlichen Bildungsanstalten und 1840 Leibarzt König Friedrich Wilhelms IV. 1841 wurde Grimm zum dirigierenden Arzt der chirurgischen Abteilung der Charité berufen. In den folgenden Jahren wurden Verhandlungen über eine Berufung als Professor der Chirurgie an

<

Heinrich Gottfried Grimm (1804-1884)
Abb. aus Schickert

die Universität Königsberg geführt. Grimm entschied sich für die militärärztliche Laufbahn. 1844 wurde er zum Generalarzt ernannt und in den Medizinalstab des preußischen Kriegsministeriums berufen. 1847 wurde er zum 2. Generalstabsarzt der Armee, 1851 zum 1. Generalstabsarzt ernannt. 1857 erhielt er Generalmajors-, 1873 Generalleutnantsrang. Grimm wurde nach König Wilhelms Regierungsantritt auch dessen Leibarzt und feierte 1875 sein 50jähriges Dienstjubiläum. Erst mit 75 Jahren trat er in den Ruhestand.
In seiner ungewöhnlich langen Amtszeit als 1. Generalstabsarzt (28 Jahre) hat Grimm die Weiterentwicklung des deutschen Militärsanitätswesens maßgeblich gefördert und ihm zu einem hohen Leistungsstand verholfen.
Allerdings sollte nicht unerwähnt bleiben, daß sich Grimm gegenüber den insbesondere von Richter und anderen Militärärzten seit 1843 nachhaltig und wiederholt vorgetragenen Reformforderungen für das preußische Militär-Medizinalwesen lange verschlossen zeigte. Erst unter zunehmendem Druck der öffentlichen Meinung, aber auch innerhalb der Regierungskreise, wurde nach 1848 mit Reformen im Militär-Medizinalwesen begonnen, von denen die entscheidenden zwischen 1852 und 1873 unter Grimms Amtsführung erfolgten.
Hervorzuheben sind: 1852 Abschaffung des Kompaniechirurgentums, Erlaß eines Reglements für die Friedens-Lazarette, 1868 Bildung des Sanitätskorps (umfassend Militärärzte im Offiziers- und Unteroffiziersrang, Lazarettgehilfen - spätere Sanitätsunteroffiziere - und Krankenwärter).
1873 Änderung des bisherigen Beamtenstatus der Militärärzte im Offiziersrang in den von Sanitätsoffizieren.

Deutsche Militärärztliche Zeitschrift 1885, 1-7
Schickert, O.: Die militärärztlichen Bildungsanstalten, Berlin 1895, 155-157

Chlebus, Karl Friedrich (1790-1862).
1846 Generalmajor. 1849 Kommandeur der 14. Division in Düsseldorf.

Boenigk, Karl Heinrich Gottfried Freiherr v. (1797-1860).
Oberst und Kommandeur des 28. Infanterie-Regiments. 1855 Abschied als Generalmajor.

Rohrscheidt, v., Major im 28. Infanterie-Regiment.

Perle, August Rudolf Christian Friedrich (1797-1886).
1851 Oberst. 1854 Inspekteur der 4. Artillerie-Inspektion. 1856 Generalmajor.

Podewils, Ferdinand Friedrich Wilhelm Werner v. (1801-1888).
1853 Oberstleutnant. 1854 Kommandeur des 8. Artillerie-Regiments. 1855 Oberst. 1857 Kommandeur des 3. Artillerie-Regiments. 1858 Generalmajor und Brigadier.

Richter, Adolph Leopold (1798-1876).
Dr. med. et chir., Generalarzt und Corpsarzt des VIII. Armee-Corps in Coblenz von 1848-1861.

<

Adolph Leopold Richter (1798-1876)
Lithographie von A. Dircks um 1850 aus dem Stadtmuseum Düsseldorf.
Reproduktion: Dr. M. Windemuth

Richter wurde 1798 als Sohn eines preußischen Regimentschirurgen in Sagan (Niederschlesien) geboren. Mit 16 Jahren wurde er als Eleve von der Pépinière aufgenommen und studierte an der Medizinisch-chirurgischen Akademie für das Militär. Nach anschließender einjähriger Ausbildung als Subchirurgus an der Charité wurde er 1819 als Escadronschirurgus beim 4. Dragoner-Regiment eingesetzt. Noch im gleichen Jahr wurde er zum 1. Garde-Regiment nach Potsdam versetzt. In dieser bevorzugten Stellung war es ihm möglich, sich wissenschaftlich fortzubilden. Er gehörte mit zu den ersten Militärärzten, die als Kompaniechirurgen zu promovieren wagten. 1821 wurde er nach erfolgreichem Abschluß der Promotion an der Universität Berlin als Oberarzt an das Medizinisch-chirurgische Friedrich-Wilhelms-Institut, das 1818 aus der Pépinière hervorgegangen war, berufen. Richter blieb sieben Jahre an diesem Institut, wo er als Leiter der Bibliothek und als Repetent die Möglichkeit weiterer Fortbildung nutzte. Abschließend erhielt er 1828 die Gelegenheit, durch eine neunmonatige Ausbildungsreise nach England, Frankreich, Oberitalien und Österreich seine Kenntnisse zu erweitern. 1829 wurde Richter Regimentsarzt beim 15. Infanterie-Regiment in Minden. 1831 kam er als Regimentsarzt zum 5. Ulanen-Regiment nach Düsseldorf. Hier erwarb er sich hohes Ansehen und entfaltete ab 1840 eine rege literarische Tätigkeit, die der Reform des preußischen Militär-Medizinalwesens galt. In den folgenden Jahren verfolgte Richter dieses Ziel, das er als seine Lebensaufgabe ansah, mit großem Nachdruck. Er wurde aktivster Mitarbeiter der von Klencke 1843-1848 herausgegebenen liberalen kritischen *Allgemeinen Zeitung für Militärärzte,* in der er seine Reformideen wirkungsvoll vertrat. In dieser Zeit erschienen seine Schriften: *Die Reform des ärztlichen Personals der Kgl. Preußischen Armee (Berlin 1844), Das Institut der Chirurgengehülfen oder Krankenpfleger, eine Humanitätsanstalt der Kgl. Preußischen Armee und ein Bedürfnis für alle Heere im Frieden und Kriege (Düsseldorf 1847)* und *Welche Maßregeln hat Preußen in militärärztlicher Beziehung in diesem Augenblick zu ergreifen? (Düsseldorf 1848).*

Auf eigene Initiative unternahm Richter 1847 eine siebenwöchige Reise durch die deutschen Staaten, um mit den Chefs des Militär-Medizinalwesens Erfahrungen auszutauschen. Als Reformator inzwischen weit über die Grenzen hinaus bekannt, wurde er überall gefeiert. So empfingen ihn die Könige von Bayern und Sachsen, der Prinz Friedrich von Württemberg und der Herzog von Nassau.

1848 wurde Richter zum Nachfolger des pensionierten Corpsarztes Dr. Hübner zum Generalarzt und Corpsarzt des VIII.

Armee-Corps in Coblenz ernannt. In dieser Eigenschaft wurde ihm 1849 beim badischen Feldzug die Leitung des Lazarettwesens und später des gesamten Feldsanitätswesens der eingesetzten preußischen Corps übertragen. In dieser Zeit war Richter dem Hauptquartier des Prinzen von Preußen (dem späteren Kaiser Wilhelm I.) zugeteilt. Seine Führungsaufgaben - verbunden mit ständigen Inspektionsreisen im gesamten Einsatzgebiet -erfüllte Richter mit großer Umsicht und erhielt höchste Anerkennung.

1849 brachte Richter eine weitere Schrift mit dem Titel *Begutachtung des Berichtes der vom Kriegsministerium zur Einleitung einer Reform des Militair-Medizinalwesens niedergesetzten Commission, Nordhausen1849* heraus. 1854 erschien dann seine Schrift: *Über Organisation des Feldlazareth-Wesens und von Transport-Compagnien für Verwundete, Bonn 1854.*

Nach fünfjähriger Vorarbeit schloß Richter in Coblenz 1860 sein Hauptwerk ab, das mit dem Titel erschien: *Geschichte des Medizinalwesens der Königlich Preußischen Armee bis zur Gegenwart. Ein Beitrag zur Armee- und Culturgeschichte Preußens, Erlangen 1860.* Dieses Werk kann als unübertroffene Darstellung des preußischen Sanitätswesens dieser Epoche angesehen werden.

1861 erbat Richter seinen Abschied, der ihm unter Verleihung des Roten Adlerordens 2. Klasse mit Eichenlaub gewährt wurde. Richter wählte Düsseldorf zum Alterssitz, wo er 1876 verstarb. Den Erfolg seiner jahrzehntelangen Bemühungen konnte er noch erleben und mit Genugtuung feststellen, daß der preußische Staat seine wesentlichsten Reformwünsche erfüllt hatte.

Weitere Werke:

Richter, A.L.: Das Militär-Medicinalwesen Preußens. Nach den Bedürfnissen der Gegenwart dargestellt. Darmstadt und Leipzig 1867
Richter, A.L.: Aus meinem Leben. Berlin 1876

Literatur:

Callisen, A.C.P.: Medicinisches Schriftsteller-Lexikon, Copenhagen 1831 ff., Bd. XVI, 79
Deutsche Militärärztliche Zeitschrift 1876, 444-446
Richter, E.: Jugenderinnerungen, Berlin 1892
Meister, K. in: Kurz und Gut, 1972, Heft 5, 10-13

Woldemar, Prinz zu Schleswig-Holstein-Sonderburg-Augustenburg (1810-1871).
Generalleutnant. 1858-1862 Kommandant von Coblenz und Ehrenbreitstein.

Schmidt, Major a. D., Wirklicher Geheimer Kriegsrat.
Leiter der Abteilung für das Servis- und Lazarettwesen im Kriegsministerium.

Goldenberg (Goldschmid von Goldenberg), August v.(1826-1911).
Intendanturassessor beim VIII. Armee-Corps. Später Wirklicher Geheimer Kriegsrat.

Bock, Moritz Karl Albert v. (seit 1873) (1828-1897).
1856-1858 Adjutant im Füsilier-Bataillon des 29. Infanterie-Regiments. 1858 kommandiert als Kompanieführer zum II. Bataillon (Andernach) des 29. Landwehr-Regiments. 1859 Hauptmann. 1876 Oberst. 1882 Generalmajor.

Niebelschütz (Hagemeier genannt v. Niebelschütz), Albert Ottmar Ferdinand v. (1805-1880).
1858 Oberstleutnant und Kommandeur des 8. Artillerie-Regiments. 1860 Oberst und Brigadier der 8. Artillerie-Brigade. 1864 Generalmajor und Kommandeur dieser Brigade. 1865 Inspekteur der 1. Artillerie-Inspektion. 1866 Generalleutnant.

Hartwig, Julius Franz Otto v. (1801-1886).
1856 Oberstleutnant. 1859 als Oberst in Pension.

Othegraven, Friedrich August v. (1802-1878).
1856 Oberst und Kommandeur des 25. Infanterie-Regiments. 1859 Generalmajor und Kommandeur der 24. Infanterie-Brigade. 1863 Generalleutnant, Kommandant von Breslau.

Etzel, Hermann v. (1812-1873).
Hauptmann im 28.Infanterie-Regiment. 1858 Major beim 26. Infanterie-Regiment. 1863 Oberstleutnant. Als Oberst in Pension.

Schlegell, Rudolf Leopold v. (1804-1877).
1856 Oberstleutnant. 1859 Oberst und Kommandeur des 28. Infanterie-Regiments. 1863 Generalmajor. 1866 Generalleutnant.

Tackmann, Friedrich Wilhelm, Major.
1858-1865 Abteilungskommandeur der Festungsabteilung im 8. Artillerie-Regiment. 1861 Oberstleutnant.

Großmann, Friedrich Georg v. (1807-1871).
1856 Oberstleutnant. Kommandeur des 30. Infanterie-Regiments. 1859 Oberst.

Wintzingerode, Ferdinand Karl Adolf Freiherr v. (1801-1874).
1857 Generalmajor und Kommandeur der 30. Infanterie-Brigade. 1861-1865 Kommandeur der 13. Division. Generalleutnant.

Fragstein und Niemsdorff, Constantin Julius Benno v., Major.
1856-1862 Abteilungskommandeur im 8. Artillerie-Regiment. 1859 Oberstleutnant. 1862 als Oberst zur Disposition gestellt.

Zglinitzki, Karl Alexander v. (1815-1883).
1857 Major. 1859 Kommandeur des Füsilier-Bataillons im 30. Infanterie-Regiment. 1868 Generalmajor und Kommandeur der 4. Infanterie-Brigade. 1870/71 Teilnehmer am Feldzug. 1872 Generalleutnant.

Raven, Eduard Gustav Ludwig v. (1807-1864).
1841 Premierlieutenant. 1844 persönlicher Adjutant des Prinzen Albrecht von Preußen. 1852 Major im 32. Infanterie-Regiment. 1859 Oberst und Kommandeur des 25. Infanterie-Regiments. 1863 Generalmajor. Kommandeur der 10. Infanterie-Brigade. Im dänischen Feldzug bei der Erstürmung der Düppeler Schanzen schwer verwundet und im Lazarett zu Nübel (b. Schleswig) gestorben.

Zastrow, Julius Gottlieb Wilhelm Adolf v. (1802-1884).
1856 Oberstleutnant. 1857 Zweiter Kommandant der Festung Coblenz-Ehrenbreitstein. 1859 Oberst. 1860 Kommandant von Coblenz-Ehrenbreitstein. 1864 als Generalmajor mit Pension zur Disposition gestellt.

Hering, Friedrich Samuel v. (1794-1871).
1855 Generalmajor. 1858 Direktor des Militair-Ökonomie-Departments. 1859 Generalleutnant.

Klaß, Heinrich Albert v. (1801-1873).
1860 Generalmajor. Kommandeur der 30. Infanterie-Brigade.

August, Prinz von Württemberg (1813-1885).
General der Kavallerie. Kommandeur des Garde-Corps in Berlin.
Der Genannte war ein Neffe des nachmaligen Königs Wilhelm I. von Württemberg und gehörte zunächst als Offizier der württembergischen Armee an. 1831 trat er in die preußische Armee ein und wurde dem Regiment Garde du Corps aggregiert. 1840 übernahm er als Oberst das Kommando des Garde-Kürassier-Regiments und als Generalmajor das der 1. Garde-Kavallerie-Brigade im Jahr 1844. 1850 führte er als Generalleutnant die 7. Division. 1856 wurde er Kommandeur der Garde-Kavallerie, 1857 Kommandierender General des III. Armee-Corps und 1858 des Garde-Corps. Diesen herausragenden Posten hat er - 1859 zum General der Kavallerie und 1873 zum Generaloberst mit dem Rang als Generalfeldmarschall befördert - 24 Jahre innegehabt. Mit seinem Namen sind die Kämpfe des Garde-Corps im Kriege von 1866 bei Soor, Königinhof und Königgrätz, im

Prinz August von Württemberg (1813-1885)
Abb. aus Pflugk-Hartung, J. v.: Krieg und Frieden 1870/71

Krieg 1870/71 bei Gravelotte, St. Privat, Beaumont, le Bourget und bei der Belagerung von Paris verbunden.
Seine Eintragungen im Besichtigungsbuch des Garnisionlazaretts Coblenz stehen wahrscheinlich mit Besichtigungen des 4. Garde-Grenadier-Regiments Königin Augusta in Zusammenhang, das von 1860-1893 in Coblenz stand.
1878 wurde Prinz August zum Oberbefehlshaber in den Marken ernannt. Er stand à la suite des 1. Garde-Regiments zu Fuß und des Garde-Kürassier-Regiments und war Chef des 10. Ulanen-Regiments.

Priesdorff VI, 291-293

Scholler, Friedrich August
Dr. med., Generalarzt und Corpsarzt des VIII. Armee-Corps in Coblenz von 1862-1883.

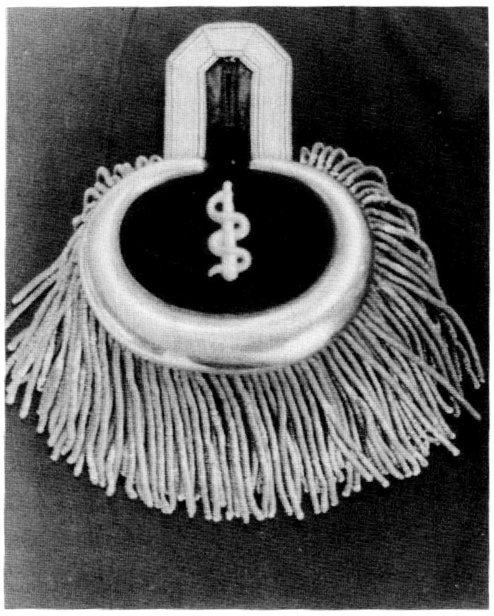

Epaulette eines Oberstabsarztes
Aus dem Archiv Dr. F. Herrmann

Roehl, Johann Ernst Gustav v. (1799-1867).
1857 Generalmajor. 1857 Inspekteur der 4. Artillerie-Inspektion. 1864 Generalleutnant. 1866 stellvertretender Kommandierender General des VIII. Armee-Corps.

Uechtritz, Alexander Theodor v. (1809-1899).
1863 Generalmajor. 1865 Inspekteur der 4. Artillerie-Inspektion.1866 vorübergehend Erster Kommandant von Coblenz und Ehrenbreitstein. Generalleutnant. Vertretung des Generalinspekteurs der Artillerie.

Oelrichs, August Gabriel Friedrich v. (1801-1868).
1859 Kommandant von Mainz. 1861 Generalleutnant. 1864/65 Kommandant von Coblenz und Ehrenbreitstein.

Hartmann, Julius Hartwig Friedrich v. (1817-1878).
Generalmajor, 1865 Kommandant von Coblenz und Ehrenbreitstein. 1873 Charakter als General der Kavallerie. 1875 in Pension.

Bronsart von Schellendorff, Heinrich Karl Christoph (1803-1874).
Generalleutnant, Direktor des Militair-Ökonomie-Departments. 1866 Generalintendant der Armee.

Woide, Louis Sylvius Gotthold v. (1809-1881).
Oberst (1863) und Traininspekteur (1864).
1866 Generalmajor, 1871 Generalleutnant. Inspekteur der 3. Artillerie-Inspektion. 1873 in Pension.

Hendewerk, Hermann
1865 Oberstleutnant. 1866 Oberst. Kommandeur des Rheinischen Festungsartillerie-Regiments Nr. 8.

Stuckradt, Franz Friedrich Alexander v. (1814-1895).
1861 Oberst. Kommandeur der 29. Infanterie-Brigade. 1866 Generalmajor.

Canstein, Philipp Karl Christian Freiherr v. (1804-1877).
1864 Generalleutnant. 1866 Kommandeur der 15. Infanterie-Division. 1870 General der Infanterie. Während der mobilen Verhältnisse Generalgouverneur von Berlin.

Loewenfeld, Julius Ludwig Wilhelm v. (1808-1880).
Generalleutnant. Kommandeur der 2. Garde-Infanterie-Division.

Prondzynski, Conrad Wilhelm Ferdinand v. (1804-1871).
1867 Generalleutnant. 1867-1870 Kommandant von Coblenz und Ehrenbreitstein.

Loën, Leopold August Gotthard Jobst Freiherr v. (1817-1895).
Generalmajor und Kommandeur der 4. Garde-Infanterie-Brigade. 1866 Teilnahme am dänischen Feldzug. 1869 Kommandant von Frankfurt a. Main. 1870 Kommandeur der Garde-Landwehr-Infanterie-Division. 1870/71 als Generalleutnant Teilnahme am Feldzug. 1875 General der Infanterie, Generaladjutant Kaiser Wilhelms I. 1888 Generaladjutant Kaiser Friedrichs III.

Eisernes Kreuz (gestiftet 1813)

Weltzien, Peter Friedrich Ludwig v. (1815-1870).
Generalleutnant. Kommandeur der 15. Division in Cöln.

Herwarth von Bittenfeld, Karl Eberhard (1796-1884).
1852 Generalmajor. 1856 Generalleutnant, 1863 General der Infanterie. 1864 Kommandeur des kombinierten Armee-Corps der preußischen Streitkräfte im dänischen Feldzug. Führte mit seinen Truppen den Übergang nach Alsen aus, der den Feldzug entschied. 1865-1870 Kommandierender General des VIII. Armee-Corps. 1866 Kommandeur der Elbarmee im Feldzug gegen Österreich; hatte entscheidenden Anteil am Sieg der preußischen Truppen über die Österreicher und Sachsen in der Schlacht bei Königgrätz. Erhielt 1871 den Charakter als Generalfeldmarschall.

Seel, Christian August v. (1814-1883).
1869 Oberst. 1870 Kommandeur des Feldartillerie-Regiments Nr. 8. 1872 mit Pension zur Disposition gestellt.
1873 Charakter als Generalmajor.

Broecker, Eduard Wilhelm Rudolf v. (1817-1896).
Oberst. 1869 Kommandeur des Feldartillerie-Regiments Nr. 8. 1873 Generalmajor.

Berger, Emil Alexander August Ferdinand Ritter und Edler Herr v. (1813-1900).
1866 Generalmajor. 1869 Kommandeur der 4. Garde-Infanterie-Brigade. 1870 zur Besichtigung in Coblenz. Teilnahme am Feldzug 1870/71. 1871 Generalleutnant, Kommandant von Hannover. 1874 Gouverneur der Festung Ulm. 1876 General der Infanterie.

Frankenberg und Ludwigsdorf, Robert Januarius v. (1807-1873).
1864 Generalmajor, Kommandant von Cöln. 1866 Generalleutnant. 1873 General der Infanterie.

Kummer, Rudolf Ferdinand v. (1816-1900).
1868 Generalleutnant. Kommandeur der 15. Division in Cöln.

Budritzki, Rudolf Otto v. (1812-1876).
Generalleutnant. Kommandeur der 2. Garde-Infanterie-Division.

Zychlinski (= Szeliga von Zychlinski), Franz Friedrich Heinrich (1816-1900).
1875 Generalleutnant und Kommandeur der 15. Division. Wurde in der Schlacht bei Königgrätz 1866 als Kommandeur (Oberst) des Infanterie-Regiments Nr. 27 schwer verwundet und mit dem Orden *Pour le Mérite* ausgezeichnet.

Bauer, Christoph Emanuel Georg v. (1823-1903).
1871 Oberst. 1874 Kommandeur der 8. Artillerie-Brigade. 1876 Generalmajor.

Wiebe, Friedrich Xaver (1829-1905).
1871 Oberst. Kommandeur der 4. Fußartillerie-Brigade. 1875 Generalmajor. 1879 Inspekteur der 1. Fußartillerie-Inspektion. 1887 als General der Infanterie in Pension.

Puttkamer, Heinrich Georg Karl Freiherr v. (1818-1886).
1873 Generalleutnant. 1874 Inspekteur der 2. Fußartillerie-Inspektion in Mainz.

Gaertner, Johann Otto v. (1829-1894).
1887 Generalmajor. Inspekteur der 4. Ingenieur-Inspektion. 1889 Generalleutnant.

Conrady, Emil v. (1827-1905).
1873 Generalmajor, 1876 Kommandeur der 4. Garde-Infanterie-Brigade. 1878 Generalleutnant und Kommandeur der 1. Division. 1879 Kommandeur der 2. Division. 1884 Gouverneur von Metz. 1895 Abschied als General der Infanterie.

Schwedler, Richard v. (1828-1905).
Corpsintendanturrat. Wirklicher Geheimer Kriegsrat.

Thile, Ludwig Otto Hugo v. (1817-1894).
Generalleutnant. 1880-1884 Kommandierender General des VIII. Armee-Corps. 1883 General der Infanterie.

Brandenburg, Alexander Ferdinand Julius Wilhelm Graf von (1819-1892).
1880 General der Kavallerie. 1882 Kommandierender General des Garde-Corps. Generaladjutant Seiner Majestät des Kaisers und Königs.

Alexander Ferdinand Wilhelm Graf von Brandenburg (1819-1892) Quelle: Bildarchiv Bundesarchiv Koblenz

Oppell, August Julius Heinrich v. (1827-1909).
1877 Generalmajor und Kommandeur der 30. Infanterie-Brigade. 1883 Generalleutnant und Kommandeur der 2. Garde-Infanterie-Division.

Gélieu, Bernard v. (1828-1907).
Geboren zu Neuenburg (Schweiz). 1848 Secondelieutenant im Garde-Schützen-Bataillon. 1867 Major. 1875 Oberst. Kommandant von Neu-Breisach. 1881 Generalmajor und Erster Kommandant der Festung Coblenz und Ehrenbreitstein. 1887 Generalleutnant. 1890 als General der Infanterie in Pension.

Buddenbrock, Carl Friedrich Wilhelm Freiherr v. (1833-1885).
1873 im 4. Garde-Grenadier-Regiment Königin. 1874 Kommandeur des I. Bataillons. 1876 Oberstleutnant. 1878 Zweiter Kommandant von Coblenz und Ehrenbreitstein. 1880 Oberst.

Loë, Friedrich Karl Walter Degenhard Freiherr v. (1828-1908). Generalleutnant. Kommandierender General des VIII. Armee-Corps von 1884-1895. Generaladjutant S.M. des Kaisers. Später Generalfeldmarschall.

>

Friedrich Karl Walter Degenhard Freiherr v. Loë (1828-1908)
Abb. aus Priesdorff

Freiherr v. Loë trat nach Ableistung des Dienstes als Einjährig-Freiwilliger beim preußischen 5. Ulanen-Regiment und nach einjährigem Studium an der Universität Bonn 1848 als Secondelieutenant in das schleswig-holsteinische 2. Dragoner-Regiment ein und nahm an den Kämpfen gegen Dänemark teil. Nach Übertritt zur preußischen Armee beteiligte er sich beim Husaren-Regiment an den Gefechten in Sachsen und Baden. Von 1852-1858 wurde er bei der Gesandtschaft in Paris, als Adjutant der Militärreitschule, der 2. Division und des Generalgouvernements der Rheinprovinz und Westfalens verwendet.

1861 -inzwischen zum Major befördert und dem 3. Husaren-Regiment aggregiert - erhielt er die Ernennung zum Flügeladjutanten König Wilhelms I. Von 1863-1864 versah er erneut Dienst in Frankreich, diesmal als Militärattaché in Paris. Bei den Kämpfen in Algerien war er ebenso als Beobachter zugegen wie bei den Gefechten im Kaukasus im Jahre 1862 als Begleiter des Prinzen Albrecht.
Am Krieg von 1866 nahm er im Stabe des Großen Hauptquartiers, am Krieg von 1870/71 als Kommandeur des 7. Husaren-Regiments teil. 1871 zum Kommandeur der 21. Kavallerie-Brigade, 1872 zum Kommandeur der 3. Garde-Kavallerie-Brigade ernannt, wurde er 1873 Generalmajor und 1878 Generalleutnant. 1884 übernahm er die Aufgabe des Kommandierenden Generals des VIII. Armee-Corps und trat somit wieder in enge Beziehung zu seiner Heimatprovinz, die er schon als Kommandeur der Bonner Husaren geknüpft hatte. In hervorragender Weise widmete er sich der Ausbildung des ihm anvertrauten Armee-Corps, nach dem Grundsatz, daß *im Frieden nichts geübt werden solle, das im Krieg nicht in der selben Weise angewandt würde.*
In seiner Eigenschaft als Kommandierender General in Coblenz hat er auch seine Eintragung in das Besichtigungsbuch des Garnisonlazaretts vorgenommen.
1886 zum General der Kavallerie befördert, erhielt er 1893 den Dienstgrad eines Generalobersten mit dem Rang als Generalfeldmarschall. 1895 - also nach 11 Jahren - endete seine Verwendung in Coblenz, und er übernahm die Ämter des Gouverneurs von Berlin und Oberkommandierenden in den Marken. 1897 trat er in den Ruhestand.

In hohem Alter wurden ihm noch zahlreiche Ehrungen zuteil. So erhielt er neben höchsten Ordensklassen 1897 die Ernennung zum Doktor h. c. der Rechts- und Staatswissenschaftlichen Fakultät der Universität Bonn und zum Ehrenbürger der Stadt Bonn. 1905 - im Jahre seines 60jährigen Dienstjubiläums - wurde ihm die Verleihung der Generalfeldmarschallswürde zuteil.

Deutsches Zeitgenossen-Lexikon 1905, 895
Priesdorff VIII, 348-356

Wolff, Karl Wilhelm Franz v. (1836-1912).
1886 Oberstleutnant. 1888 Oberst. Zweiter Kommandant der Festung Coblenz und Ehrenbreitstein von 1886-1892.

Eilert, Otto (1834-1904).
Dr. med., Generalarzt und Corpsarzt des VIII. Armee-Corps in Coblenz von 1884-1887.

Kropff, Paul Carl Wilhelm Heinrich v. (1832-1898).
Generalmajor, Kommandeur der 4. Garde-Infanterie-Brigade. 1890 Generalleutnant, Kommandeur der 15. Division in Cöln.

Burchard, Hermann v. (geadelt 1893).
1882 Oberst. 1884-1889 Kommandeur der Feldartillerie-Brigade Nr. 8.

Hahnke, Wilhelm v. (1833-1912).
Generalleutnant. Kommandeur der 2. Garde-Infanterie-Division in Berlin. Später Generalfeldmarschall.
v. Hahnke begann seine militärische Laufbahn beim preußischen 3. Garde-Grenadier-Regiment Königin Elisabeth, in dessen Reihen er 1864 am Sturm auf die Düppeler Schanzen teilnahm. 1866 zum Großen Generalstab kommandiert, sehen wir ihn im Krieg gegen Österreich im Stabe der 2. Armee (Kronprinz Friedrich Wilhelm). 1867 zum Major befördert, gehörte er auch im Kriege von 1870/71 zum Stabe des Kronprinzen. Bei Sedan wurde er verwundet.
1881 als Generalmajor zum Kommandeur der 1. Garde-Infanterie-Brigade ernannt, übernahm er 1887 das Kommando der 2. Garde-Infanterie-Division, zu der das in Coblenz stationierte 4. Garde-Grenadier-Regiment Königin gehörte. Aus diesem Jahr und dem folgenden rühren seine Eintragungen in das Besichtigungsbuch.
Nach dem Tode Kaiser Friedrichs III. ernannte Kaiser Wilhelm II. v. Hahnke zum Generaladjutanten und Chef des Militärkabinetts. Er erhielt damit eine Stellung, die ihm entscheidenden Einfluß auf die Personalpolitik der preußischen Armee sicherte. Dabei geriet er mit dem Kriegsminister General Bronsart v. Schellendorff in Konflikt. Gegenstand der Auseinandersetzungen war unter anderem die vom Kriegsminister angestrebte öffentliche Behandlung von Militärstrafgerichtsprozessen.
1890 wurde v. Hahnke zum General der Infanterie befördert, 1903 erhielt er die Würde eines Generalfeldmarschalls. 1901 zum Oberbefehlshaber in den Marken ernannt, schied er 1909 aus dem Dienst.

Wilhelm v. Hahnke (1833-1912)
Abb. aus Priesdorff

Deutsches Zeitgenossen-Lexikon 1905, 314-315
Schlegel, K. in: Deutsches Soldatenjahrbuch 1987, 189-198

Mutius, Wilhelm v. (1832-1918).
1883 Oberst. 1888 Generalmajor. 1890 Kommandeur der 8. Feldartillerie-Brigade. 1890 als Generalleutnant in Pension.

Hammerstein-Loxten, Louis Wilhelm Albert Freiherr v. (1839-1927).
Oberst und Kommandeur des 4. Garde-Grenadier-Regiments Königin.

Lentze, Wilhelm
Dr. med., Generalarzt und Corpsarzt des VIII. Armee-Corps in Coblenz von 1888-1899. Erhielt 1895 den Rang als Generalmajor verliehen.

Collas, Oskar Baron v. (1832-1889).
1888 Generalmajor und Kommandeur der 4. Garde-Infanterie-Brigade. 1889 Abschied mit Pension.

Bernhard, Erbprinz (seit 1914 Herzog) von Sachsen-Meiningen (1851-1928).
Generalmajor und Kommandeur der 4. Garde-Infanterie-Brigade (1889). 1895 Kommandierender General des VI. Armee-Corps in Breslau. 1905 Beförderung zum Generaloberst mit dem Rang eines Generalfeldmarschalls.
Berufung zum Inspekteur der 2. Armee-Inspektion. Er vereinigte eine hohe militärische Begabung, die von Moltke anerkannt wurde, mit philosophischer Bildung und künstlerischen Neigungen. Die Universität Breslau verlieh ihm den philosophischen Ehrendoktor.
Durch seine früh verstorbene Mutter, der Prinzessin Charlotte von Preußen, und durch seine Ehe mit Charlotte, der ältesten Tochter von Kaiser Friedrich III., war er dem Hohenzollernhaus verbunden.

Bernhard, Erbprinz von Sachsen-Meiningen (1851-1928)
Quelle: Bildarchiv Dr. F. Herrmann

Deutsches Zeitgenossen-Lexikon 1905, 93-94
Deutsches Soldatenjahrbuch 1978, 9

Rantzau, Heinrich Adalbert Graf zu (1834-1891).
1890 Generalleutnant, Kommandant von Coblenz und Ehrenbreitstein.

Coler, Alwin v. (1831-1901).
Dr. med., Honorarprofessor. Generalstabsarzt der Armee und Chef des Sanitäts-Corps von 1889-1901.
Coler wurde in Gröningen Kreis Halberstadt geboren. Nach Absolvierung der Gymnasialausbildung entschied er sich für die militärische Laufbahn. Von 1852-1856 studierte er an der Medizinisch-chirurgischen Akademie für das Militär in Berlin. Nach erfolgter Staatsprüfung und Promotion folgten truppenärztliche Verwendungen. 1863 wurde er zum Stabsarzt befördert. Er nahm an den Feldzügen 1864 und 1866 als Militärarzt teil, wobei er sich auszeichnete. 1867 erfolgte seine Kommandierung zum preußischen Medizinalstab, 1868 wurde er in die neugegründete Medizinalabteilung des Kriegsministeriums versetzt. Am Kriege 1870/71 nahm Coler als Divisionsarzt teil. Später kehrte er zum Kriegsministerium zurück und wurde zum Chef der Medizinalabteilung berufen. 1874 wurde er zum Generalarzt

>

Alwin v. Coler (1831-1901)
Abb. aus Schickert

befördert. 1884 wurde Coler geadelt. 1889 zum Generalstabsarzt befördert, erhielt er 1891 den Rang eines Generalleutnants. 1892 wurde er auf Vorschlag der Berliner Universität zum ordentlichen Honorarprofessor ernannt.
Um die Reform des Militärmedizinal- und Feldsanitätswesens hat sich Coler sehr verdient gemacht. 1878 wurden von ihm die Kriegs- und 1891 die Friedenssanitätsordnung herausgegeben. Er veranlaßte eine Verbesserung der militärischen Ausbildung und eine Intensivierung der wissenschaftlichen und fachlichen Weiterbildung der Militärärzte durch Kommandierungen zu Chirurgischen Universitätskliniken. Unter Colers Amtsführung wurden wesentliche wissenschaftliche und moderne technische Einrichtungen in das Heeressanitätswesen eingeführt.
Anlässlich seines 70. Geburtstages wurde die *Bibliothek v. Coler* gegründet, in der von 1901 bis 1921 ingesamt 42 Bände medizinischer Arbeiten erschienen.

Biographisches Jahrbuch VI, 343-345
Biographisches Lexikon der hervorragenden Ärzte aller Zeiten und Völker, 1930, 72
Schickert, O.: Die militärärztlichen Bildungsanstalten, Berlin 1895, 183-184
Stürzbecher, M. in: Neue Deutsche Biographie III, 318-319

Rohne, Heinrich
Generalmajor. Kommandeur der 8. Feldartillerie-Brigade in Coblenz. 1896 Generalleutnant und Gouverneur von Thorn.

Köhler, Ernst
Generalmajor. 1894 Kommandeur der 30. Infanterie-Brigade.

Davidson, Eduard v. (1840-1922).
Generalleutnant. 1895-1900 Kommandant der Festung Coblenz und Ehrenbreitstein.

Timann, Fritz
Dr. med., Generalarzt und Korpsarzt des VIII. Armeekorps von 1900-1903.

Ott, Willibald
Dr. med.,Generalarzt und Korpsarzt des VIII. Armeekorps von 1904-1909.

Zwehl, Johann Hans Berthold Alexander v. (1859-1926).
Generalmajor. Kommandeur der 30. Infanterie-Brigade in Coblenz (1904). Zuletzt General der Infanterie. Ritter des Ordens *Pour le Mérite.*

Epaulette eines Oberapothekers
Aus dem Archiv Dr. F. Herrmann

Leuthold, Rudolf v. (1832-1905).
Dr. med., Honorarprofessor, Generalstabsarzt der Armee und Chef des Sanitätskorps von 1901-1905.
Leuthold wurde am 20. Februar 1832 in Zabeltitz bei Großenhain (Sachsen) geboren. Er studierte an der Medizinisch-chirurgischen Akademie für das Militär und wurde nach dem Staatsexamen und nach seiner Promotion als Tuppenarzt nach Mainz versetzt. 1861 wurde er als Oberarzt an das Friedrich-Wilhelms-Institut Berlin berufen,1862 erfolgte die Beförderung zum Stabsarzt. Von 1861-1866 wurde er zur Ausbildung an die Charité kommandiert. Danach leitete er als Garnisonarzt in Danzig ein Choleralazarett. Im Feldzug 1870/71 war er Chefarzt eines Feldlazaretts, anschließend Divisionsarzt. Nach Tätigkeit am Invalidenhaus Berlin wurde Leuthold 1874 Regimentsarzt der Gardekürassiere. Von 1879-1892 hatte er einen Lehrauftrag als o. Professor der Kriegsheilkunde am Friedrich-Wilhelms-Institut in Berlin. 1888 erfolgte seine Berufung zum Leibarzt Kaiser Wilhelms II. 1889 übernahm er die Leitung des Sanitätsdienstes des Garde-Corps. 1897 wurde Leuthold der preußische Adel verliehen. 1901 wurde er zum Generalstabsarzt der Armee, Chef des Sanitätskorps und der Medizinalabteilung

im Kriegsministerium sowie zum Direktor der Kaiser-Wilhelms-Akademie für das militärärztliche Bildungswesen ernannt. Gleichzeitig wurde er zum ordentlichen Honorarprofessor der Universität Berlin berufen.
Leuthold gründete 1872 die *Deutsche Militärärztliche Zeitschrift* und gab sie über 30 Jahre heraus.

Schjerning, O. v. in: Biographisches Jahrbuch X, 169-171
Leipziger Illustrirte Zeitung 1905, 930
Schmidt, H.: Die Kaiser-Wilhelms-Akademie für das militärärztliche Bildungswesen von 1895-1910, 63-65, Berlin 1910
Stürzbecher, M. in: Neue Deutsche Biographie XIV, 386-387

>

Rudolf v. Leuthold (1832-1905)
Quelle: Wehrmedizinische Bibliothek, Sanitätsamt der Bundeswehr

Lüdinghausen, genannt **Wolff**, Otto August Alexander Freiherr v. (1850-1910).
Generalmajor. 1905-1907 Kommandant der Festung Coblenz und Ehrenbreitstein. Als Generalleutnant in Pension.

Woedtke, Axel v.
Generalleutnant. 1907-1910 Kommandant der Festung Coblenz und Ehrenbreitstein.

Schjerning, Otto Karl Wilhelm v. (1853-1921).
Dr. med., Honorarprofessor. Generalstabsarzt der Armee und Chef des Sanitätskorps von 1905-1918.
Chef des Heeres-Sanitätswesens im Ersten Weltkrieg.
Geboren am 4. Oktober 1853 in Eberswalde bei Berlin. Nach Besuch des Joachimsthalschen Gymnasiums in Berlin gehörte Schjerning von 1873-1877 dem Friedrich-Wilhelms-Institut an. Nach seiner Promotion erfolgte die Ernennung zum Unterarzt beim 4. Garde-Regiment zu Fuß. Gleichzeitig war damit ein einjähriges Ausbildungskommando am Königlichen Charité-Krankenhaus in Berlin verbunden. Anschließend folgte eine mehrjährige truppenärztliche Verwendung. 1886 wurde Schjerning Bataillonsarzt beim 4. Garde-Grenadier-Regiment Königin in Coblenz, gleichzeitig erfolgte die Beförderung zum Stabsarzt. 1899 wurde er zur Medizinal-Abteilung des Kriegsministeriums versetzt. Nach langjähriger Verwendung als Referent wurde er im Jahre 1900 zum Abteilungschef ernannt und gleichzeitig zum Generalarzt befördert. 1904 erhielt Schjerning den Rang als Generalmajor, 1905 wurde er zum Generalstabsarzt der Armee und zum Direktor der Kaiser-Wilhelms-Akademie ernannt. Im gleichen Jahr erhielt er die Berufung zum Honorarprofessor an die Universität Berlin. 1907 wurden ihm der Rang als Generalleutnant und 1909 der erbliche Adel verliehen.
Während des Ersten Weltkrieges war v. Schjerning Chef des deutschen Heeres-Sanitätswesens, in welcher Eigenschaft er sich hohe Verdienste erwarb. 1915 wurde ihm als Auszeichnung der Rang als General der Infanterie verliehen. Nach 45jähriger Dienstzeit nahm v. Schjerning Ende 1918 seinen Abschied.
Besondere Bedeutung errang unter seinen Schriften das von ihm herausgegebene und bearbeitete *Handbuch der ärztlichen Erfahrungen im Weltkrieg 1914/18.*

Otto Karl Wilhelm v. Schjerning (1853-1921)
Quelle: Bildarchiv Bundesarchiv Koblenz

Schmidt, H.: Die Kaiser-Wilhelms-Akademie für das militärärztliche Bildungswesen von 1895-1910, 65-66, Berlin 1910
Schultzen, G.F.W. in: Deutsche Militärärztliche Zeitschrift 1919, 1-13

Rudeloff, Max
Dr. med., Generalarzt und Inspekteur der 3. Sanitätsspektion.

Hünermann, Rudolf (1860-1934).
Dr. med., Generalarzt und Korpsarzt des VIII. Armeekorps in Coblenz von 1910-1918.
Als Sohn eines Brauereibesitzers in Sayn nahe Coblenz geboren, trat Rudolf Hünermann nach beendeter Gymnasialausbildung 1877 als Studierender in das Friedrich-Wilhelms-Institut in Berlin (der späteren Kaiser-Wilhelms-Akademie für das mitlitärärztliche Bildungswesen) ein. Nach Abschluß des Medizinstudiums und Promotion begann er seine militärärztliche Laufbahn als Assistenzarzt beim Husaren-Regiment Nr. 11 in Düsseldorf.

Rudolf Hünermann (1860-1934)
Aus Privatbesitz

Düsseldorfer Jahrbuch 1934/36, 38. Bd., 89
Koblenzer Generalanzeiger vom 20. 5. 1930
Der Deutsche Kolonnenführer, Fachblatt des Reichsverbandes Deutscher Sanitätskolonnen und verwandter Männervereinigungen v. Roten Kreuz vom 15. 5 1930

1889 wurde Hünermann als Stabsarzt zum Pionier-Bataillon nach Mainz versetzt und von 1890 bis 1892 an die Kaiser-Wilhelms-Akademie kommandiert. Danach erfolgte seine Beförderung zum Oberstabsarzt und seine Versetzung nach Coblenz als Korpshygieniker des VIII. Armeekorps. Gleichzeitig wurde er zum Vorstand der hygienisch-bakteriologischen Untersuchungsstelle berufen. 1902 erfolgte die Beförderung zum Oberstabsarzt 1. Klasse und die Versetzung zum Rheinischen Feldartillerie-Regiment Nr. 23 als Regimentsarzt. Nach Beförderung zum Generaloberarzt wurde Hünermann Divisionsarzt in Glogau (Schlesien). 1908 wurde er zum Generalarzt befördert und als Korpsarzt des XVII. Armeekorps nach Danzig versetzt. 1910 wurde ihm die Stelle des Korpsarztes des VIII. Armeekorps in Coblenz übertragen. Daneben wurde er zum Mitglied des wissenschaftlichen Senats der Kaiser-Wilhelms-Akademie berufen.

Im Ersten Weltkrieg war Hünermann als Armeearzt auf fast alles Kriegsschauplätzen im Osten und Westen eingesetzt. Nach der Demobilmachung 1918 war er Sanitätsinspekteur in Kassel. Auf seinen Wunsch erfolgte 1919 seine Verabschiedung. Dabei wurde ihm der Rang eines Generalleutnants verliehen. Anschließend stellte sich Hünermann dem Roten Kreuz zur Verfügung. 1922 wurde er zum Provinzialinspekteur der Freiwilligen Sanitätskolonnen der Rheinprovinz berufen. In den folgenden Jahren erwarb er sich große Verdienste um das Fortbestehen und den Wiederaufbau des Roten Kreuzes im Rheinland. Kurz vor seinem 70. Geburtstag trat er aus gesundheitlichen Gründen von seinem Amt zurück.

Hockemeyer, Herbert (1909-1983).
Dr. med., Generaloberstabsarzt. Inspekteur des Sanitäts- und Gesundheitswesens der Bundeswehr von 1967-1969.

<

Herbert Hockemeyer (1909-1983)
Quelle: Bildarchiv der Akademie des Sanitäts- und Gesundheitswesens der Bundeswehr, München

Geboren am 9. März 1909 in Bad Rehburg bei Hannover. Nach Abitur Medizinstudium in Marburg und Würzburg. 1934 Staatsexamen und Promotion. 1933 Eintritt in die Reichswehr als Sanitätsoffizieranwärter. Nach vielseitiger Verwendung Jahrgangsstabsarzt an der Militärärztlichen Akademie in Berlin und Hilfsreferent in der Heeressanitätsinspektion. Im Zweiten Weltkrieg Teilnahme an den Feldzügen in Polen und Frankreich als Chef einer Sanitätskompanie. 1941 im Afrikakorps, zuletzt Divisionsarzt der 20. Panzerdivision in Nordafrika. 1943 britische Kriegsgefangenschaft.

Nach 1945 Niederlassung als Gynäkologe. 1956 Eintritt in die Bundeswehr als Oberfeldarzt. 1957 Korpsarzt des III. Korps. Danach 4 1/2 Jahre Kommandeur der damaligen Sanitätstruppenschule des Heeres, der späteren Akademie des Sanitäts- und Gesundheitswesens in München.
1961 Generalarzt. 1963 Inspizient der Sanitätstruppen des Heeres. 1965-1967 Amtschef des Sanitätsamtes der Bundeswehr. 1967-1969 Generaloberstabsarzt und Inspekteur des Sanitäts- und Gesundheitswesens der Bundeswehr.

Maizière, Ulrich de
General. Generalinspekteur der Bundeswehr von 1966-1972. Geboren am 24. Februar 1912 in Stade (Niedersachsen). Neben dem Besuch des Gymnasiums in Hannover Ausbildung als Pianist am dortigen Konservatorium. 1930 Eintritt in die Reichswehr als Offizieranwärter. 1933 Leutnant, 1937 Oberleutnant und Regimentsadjutant des Infanterieregiments 50. 1940 Generalstabsausbildung. Teilnahme an den Feldzügen in Polen und Frankreich. 1941 Versetzung in den Generalstab, bis Kriegsende als Oberstleutnant und 1. Generalstabsoffizier in der Operationsabteilung des Oberkommandos des Heeres. August 1944 verwundet.

>

Ulrich de Maizière

Quelle: Informations- und Pressestab des Bundesministeriums der Verteidigung

Nach Entlassung aus britischer Kriegsgefangenschaft (1947) Ausbildung als Buch- und Musikalienhändler. In dieser Eigenschaft bis 1951 in Hannover tätig. Im Januar 1951 Berufung in die Dienststelle Blank nach Bonn. Mitarbeit am Neuaufbau eines Verteidigungsbeitrages. Februar 1951 Versetzung nach Paris als erster deutscher Militärsachverständiger für das Projekt einer Europäischen Verteidigungsgemeinschaft (EVG).
1955 Leiter der militärpolitischen Unterabteilung der Dienststelle Blank, später im Bundesministerium der Verteidigung. Im Dezember 1955 Übernahme als Oberst in die Bundeswehr. 1956 Brigadegeneral. 1958-1960 Kampfgruppen-, Brigade- und stellvertretender Divisionskommandeur in der 1. Panzerdivision. 1960-1962 Kommandeur der Schule für Innere Führung in Koblenz. 1962-1964 Kommandeur der Führungsakademie der Bundeswehr in Hamburg. 1962 Generalmajor. 1964 Generalleutnant und Inspekteur des Heeres.
1966-1972 General und Generalinspekteur der Bundeswehr.

Daerr, Eberhard
Dr. med., Generaloberstabsarzt. Inspekteur des Sanitäts- und Gesundheitswesens der Bundeswehr von 1969-1972.
Geboren am 11. Juli 1912 in Frankenstein (Schlesien). Humanistisches Gymnasium, Reifeprüfung. Studium der Medizin an den Universitäten Greifswald, München, Tübingen und Breslau. Staatsexamen und Promotion. 1934/1935 Wehrdienst als Freiwilliger bei einem Reiterregiment. Im Zweiten Weltkrieg Verwendungen als Truppenarzt, stellvertretender Chef einer Sanitätskompanie und als Abteilungsarzt in Reservelazaretten, zuletzt Stabsarzt. Ende 1945 Entlassung aus Kriegsgefangenschaft. Danach chirurgische Ausbildung, 1950 Anerkennung als Facharzt. Zwei Jahre Regierungsarzt in Liberia. Von 1954-1956 Oberarzt und Leiter der Chirurgischen Abteilung am DRK-Hospital in Pusan in Korea. 1956 Eintritt in die Bundeswehr. Verwendung als Dezernent im Truppenamt, in einem integrierten Stab, als Personalreferent und Unterabteilungsleiter im Bundesministerium der Verteidigung.
Von 1967-1969 Amtschef des Sanitätsamtes der Bundeswehr. 1969-1972 Generaloberstabsarzt und Inspekteur des Sanitäts- und Gesundheitswesens der Bundeswehr.
Von 1972-1986 Bundesarzt des Deutschen Roten Kreuzes.

Eberhard Daerr
Photo aus Privatbesitz

Schulze, Klaus
Dr. med., Generalarzt. Unterabteilungsleiter in der Inspektion des Sanitäts- und Gesundheitswesens von 1971-1973.

Gerd Niepold
Photo aus Privatbesitz

Niepold, Gerd
Generalleutnant. Kommandierender General des III. Korps in Koblenz von 1968-1972.
Geboren am 25. Mai 1913 in Stargard (Pommern). 1932 Eintritt in die Reichswehr als Fahnenjunker der Infanterie. 1934 Leutnant. 1939-1945 nach Generalstabsausbildung Verwendungen im Oberkommando des Heeres, als 2. und 1. Generalstabsoffizier einer Division, zuletzt als Oberstleutnant i. G. und Lehrstabsoffizier an der Kriegsakademie. Nach Kriegsgefangenschaft ab 1945 Tischlerlehre, Studium an einer Staatsbauschule (Ingenieur für Tiefbau), bis 1956 Bauleiter.
1956 Eintritt in die Bundeswehr. Verwendungen als Lehrstabsoffizier an der Führungsakademie, Chef des Stabes eines Korps, Brigadekommandeur, Abteilungskommandeur an der Führungsakademie und Divisionskommandeur.
1968-1972 Kommandierender General des III. Korps.

Killian, Hans F. E. (1892-1982).
Dr. med., ordentlicher Professor der Chirurgie emer.
1935 Extraordinarius an der Universität Freiburg i. Breisgau.
1941-1945 Beratender Chirurg der Deutschen Wehrmacht, 1943-1945 ordentlicher Professor der Chirurgie und Direktor der Chirurgischen Universitätsklinik Breslau.
1947-1949 Chefarzt der Chirurgischen Abteilung des Krankenhauses Baden-Baden.
Autor zahlreicher wissenschaftlicher und populärmedizinischer Werke.

Walter Scheel
Quelle: Informations- und Pressestab des Bundesministeriums der Verteidigung

Scheel, Walter
Bundespräsident der Bundesrepublik Deutschland von 1974-1979.
Geboren am 8. Juli 1919 in Solingen. Nach Reifeprüfung Ausbildung im Bankfach. Kriegsteilnehmer 1939-1945 (zuletzt Oberleutnant). 1945-1953 leitende Tätigkeit in der Industrie. Seit 1946 Mitglied der Freien Demokratischen Partei, 1956-1974 Mitglied deren Bundesvorstandes.
1967-1969 Vizepräsident des Deutschen Bundestages.
1968-1974 Bundesvorsitzender der F.D.P.
1969-1974 Bundesminister des Auswärtigen und Stellvertreter des Bundeskanzlers.
1974-1979 Bundespräsident.

Stemann, Hans-Georg
Dr. med., Admiraloberstabsarzt. Inspekteur des Sanitäts- und Gesundheitswesens der Bundeswehr von 1972-1976.
Geboren am 19. September 1916 in Bad Oeynhausen. Nach Medizinstudium Staatsexamen und Promotion. 1940 Eintritt in die Kriegsmarine als Sanitätsoffizieranwärter. Verwendungen als Assistenzarzt in Marinelazaretten und als Schiffsarzt auf einem Zerstörer. Nach 1945 praktischer Arzt.
1956 Eintritt in die Bundeswehr als Oberstabsarzt (Marine). Hilfsreferent im Bundesministerium der Verteidigung, später Dezernent im Kommando des Marinesanitätsdienstes. Referent im Bundesministerium der Verteidigung, Lehrgruppenkommandeur der Akademie des Sanitäts- und Gesundheitswesens der Bundeswehr, Leitender Sanitätsoffizier im Marinesanitätsdienst. Nach zweijähriger Tätigkeit als Stellvertretender Inspekteur von 1971-1972 Amtschef des Sanitätsamtes der Bundeswehr.
Von 1972-1976 als Admiraloberstabsarzt Inspekteur des Sanitäts- und Gesundheitswesens der Bundeswehr.

Hans-Georg Stemann
Photo aus Privatbesitz

Ullmann, Gabriel
Dr., Oberstleutnant (Sanitätsoffizier) im Sanitätswesen der israelischen Verteidigungsstreitkräfte.

Schmid, Johann
Dr., Generalarzt und Heeres-Sanitätschef des Österreichischen Bundesheeres.

Heller, Otto
Brigadier. Österreichischer Verteidigungsattaché.

Petersen, Günther
Jurist. Präsident der Wehrbereichsverwaltung IV (Wiesbaden) von 1974-1985.
Geboren am 21. Juli 1920 in Nordborg (Dänemark).

Hengsbach, Franz Kardinal
Dr. theol., Dr. jur. h. c., Katholischer Militärbischof der Bundeswehr von 1961-1978.
Geboren am 10. September 1910 in Velmede (Ruhr). 1937 Priesterweihe. 1953 Weihbischof im Bistum Paderborn. 1957 Bischof des Ruhrbistums Essen. 29. 5. 1988 Ernennung zum Kardinal.

Franz Kardinal Hengsbach
Quelle: Sekretariat des Bischofs von Essen

Hantel, Ernst-Ulrich

Generalmajor. Befehlshaber in Wehrbereich IV (Mainz) von 1973-1976.

Geboren am 11. Mai 1916 in Königsberg (Ostpreußen). 1935 Abitur in Berlin. Eintritt in die Reichswehr als Fahnenjunker. 1937 Leutnant. 1939-1945 Truppenverwendungen als Bataillonsadjutant, Kompaniechef, Regimentsadjutant und Bataillonskommandeur. 1943 Major, ab 1944 Generalstabsausbildung, zuletzt 1. Generalstabsoffizier eines Korps. 1945-1950 in sowjetischer Kriegsgefangenschaft. 1956 Eintritt in die Bundeswehr als Major. 1957 Hilfsreferent, 1959 Referent im Bundesministerium der Verteidigung. 1962 Oberst. 1964/65 stellvertretender Kommandeur einer Panzergrenadierbrigade. 1967-1973 Stabsabteilungsleiter im Führungsstab des Heeres.

1968 Brigadegeneral.

Von 1973-1976 Befehlshaber im Wehrbereich IV.

Leber, Georg

Bundesminister der Verteidigung von 1972-1978.

Geboren am 7. Oktober 1920 in Obertiefenbach (Oberlahnkreis). Volksschule in Obertiefenbach, Handelsschule in Limburg a.d. Lahn. Anschließend kaufmännischer Lehrling und Volontär. 1939 bis 1945 Soldat bei der Luftwaffe. Nach

>

Georg Leber
Quelle: Bundesbildstelle Bonn

Kriegsende zunächst Maurer. 1947 Eintritt in die Industriegewerkschaft Bau-Steine-Erden und in die Sozialdemokratische Partei Deutschlands. 1949 Geschäftsführer der IG Bau-Steine-Erden in Limburg. 1952 Redakteur der Gewerkschaftszeitung *Der Grundstein,* 1953 Mitglied des Hauptvorstandes, 1957 erster Vorsitzender der IG Bau-Steine-Erden, Mitglied des Bundesvorstandes des Deutschen Gewerkschaftsbundes. 1957 Wahl in den Deutschen Bundestag, 1958/59 Mitglied des Europäischen Parlaments. 1961 Wahl in den Vorstand der SPD-Fraktion im Deutschen Bundestag und in den Parteivorstand der SPD, 1968 Wahl in das Präsidium der SPD.
Dezember 1966 Ernennung zum Bundesminister für Verkehr und für das Post- und Fernmeldewesen.
Von Juli 1972 bis Februar 1978 Bundesminister der Verteidigung.

Rebentisch Ernst
Dr. med., Honorarprofessor, Generaloberstabsarzt. Inspekteur des Sanitäts- und Gesundheitswesens der Bundeswehr von 1976-1980.
Geboren am 31. Januar 1920 in Offenbach a. Main. 1937 Eintritt in die Wehrmacht als Fahnenjunker (Panzerabwehrtruppe), Ausbildung zum Offizier. Übertritt zur Panzertruppe. Einsatz als Offizier und Stabsoffizier in verschiedenen Verwendungen auf den Kriegsschauplätzen in Polen, Frankreich, Kaukasus, Stalingrad, Rumänien, Ungarn und im Oberkommando des Heeres.
1945-1950 Studium der Medizin in München. Anschließend Weiterbildung zum Facharzt für Chirurgie. Nach Tätigkeit an der Chirurgischen Klinik in Offenbach von 1958-1959 Oberarzt der Chirurgischen Klinik des Krankenhauses Gelnhausen. Am 1. Oktober 1959 Eintritt in die Bundeswehr als Oberstabsarzt. 1959-1963 Leitender Sanitätsoffizier beim Deutschen Bevollmächtigten Schleswig-Holstein (AFNORTH). 1964-1967 Referent im Bundesministerium der Verteidigung. Divisionsarzt der 12. Panzerdivision von 1967-1969, Kommandeur der Akademie des Sanitäts- und Gesundheitswesens von 1969-1973, Beförderung zum Generalarzt. Einsatzleiter des Bundeswehr-Sanitätsdienstes bei den Olympischen Spielen 1972 in München. 1973-1976 Stellvertreter des Inspekteurs des Sanitäts- und Gesundheitswesens der Bundeswehr, Beförderung zum Generalstabsarzt.
1975 Berufung zum Honorarprofessor für Katastrophenmedizin und Wehrmedizin an der Technischen Universität München.

Ernst Rebentisch
Photo aus Privatbesitz

1976-1980 Generaloberstabsarzt und Inspekteur des Sanitäts- und Gesundheitswesens der Bundeswehr.
Herausgeber mehrerer Werke auf dem Gebiet der Katastrophen- und Wehrmedizin und Verfasser von Veröffentlichungen auf diesem Fachgebiet.

Heinz S. Fuchs
Photo aus Privatbesitz

Fuchs, Heinz S.
Dr. med., Honorarprofessor, Generalstabsarzt. Amtschef des Sanitätsamtes der Bundeswehr von 1972-1977.
Geboren am 12. September 1917 in Plauen (Vogtland). 1936 Fahnenjunker im Sanitätskorps der Luftwaffe. Medizinstudium. 1942 Staatsexamen und Promotion. Kriegsverwendungen als Truppenarzt, Fliegerarzt und Leitender Sanitätsoffizier. Als Stabsarzt 1946 aus Kriegsgefangenschaft entlassen. Facharztausbildung für innere Krankheiten und Lungenkrankheiten. Seit 1949 als Oberarzt an Krankenhäusern und Heilstätten klinisch tätig. 1956 Chefarzt eines Tuberkulose-Krankenhauses. 1958 Eintritt in die Bundeswehr. Dezernent im Kommando der Territorialen Verteidigung und in der Inspektion Sanitätsdienste der Luftwaffe im Luftwaffenamt, Referent in der Inspektion des Sanitäts- und Gesundheitswesens des Bundesministeriums der Verteidigung. Leitender Sanitätsoffizier des Luftwaffenamtes, 1968 zum Generalarzt der Luftwaffe ernannt. 1972-1977 Amtschef des Sanitätsamtes der Bundeswehr. 1974-1977 Präsident der Deutschen Gesellschaft für Luft- und Raumfahrtmedizin. 1977-1978 Präsident der *Space Medicine Branch, Aerospace Medical Association* USA. Berater der *International Civil Aviation Organization (ICAO)* und des Bundesministeriums für Forschung und Technologie.

Schmidt, Helmut
Bundeskanzler der Bundesrepublik Deutschland von 1974-1982.
Geboren am 23. Dezember 1918 in Hamburg. 1937 Abitur, anschließend Reichsarbeitsdienst. Ab 1937 Wehrdienst. Von 1939-1945 Kriegsteilnehmer, zuletzt Oberleutnant der Reserve und Batteriechef. Kriegsgefangenschaft. 1946-1949 Studium der Staatswissenschaften in Hamburg. Diplomvolkswirt. 1949-1953 bei der Behörde für Wirtschaft und Verkehr in Hamburg, ab 1952 Verkehrsdezernent.
1961-1965 Senator für Inneres der Freien und Hansestadt Hamburg. Seit 1946 Mitglied der Sozialdemokratischen Partei Deutschlands. 1967-1969 Vorsitzender der SPD-Fraktion. 1969-1972 Bundesminister der Verteidigung. Juli bis Dezember 1972 Bundesminister für Wirtschaft und Finanzen. Ab Dezember

<

Helmut Schmidt
Quelle: Bundesbildstelle Bonn

1972 Bundesminister der Finanzen. Vom 16. Mai 1974 bis 1. Oktober 1982 Bundeskanzler.
Von 1953-1962 und von 1965 bis Januar 1987 Mitglied des Bundestages.
Seit 1. Oktober 1985 Verleger der Wochenzeitung *Die Zeit*.

Huber, André
Dr., Divisionär (Generalmajor), Oberfeldarzt und Direktor des Bundesamtes für Sanität (Schweiz).

Orelli, Edouard v.
Oberst im Generalstab, Instruktionschef der Sanitätstruppen (Schweiz).

Leuenberger, Heinrich
Oberst im Generalstab, Verteidigungsattaché bei der Schweizerischen Botschaft.

Gölter, Georg
Dr. phil., 1977-1981 Minister für Soziales, Gesundheit und Umwelt in Rheinland-Pfalz. Seit 1981 Kultusminister.
Geboren am 22. Dezember 1938. 1969-1977 Mitglied des Bundestages (Christlich Demokratische Union).

Georg Gölter
Quelle: Kultusministerium von Rheinland-Pfalz

Korbach, Heinz
Regierungspräsident des Regierungsbezirks Koblenz von 1973-1987.
Geboren am 8. Dezember 1921 in Koblenz.

Willi Hörter
Photo: W. Geißen

Hörter, Willi
Oberbürgermeister der Stadt Koblenz seit 14. Oktober 1972.
Geboren am 13. Januar 1930 in Koblenz.
1949-1951 Höhere Technische Lehranstalt Trier (Tiefbauingenieur). Seit 1951 im Bauamt Koblenz und in der Landesstraßenverwaltung Rheinland-Pfalz (1956). Seit 1956 Mitglied im Stadtrat und seit 1972 Oberbürgermeister der Stadt Koblenz.
1965-1975 Mitglied des Landtags Rheinland-Pfalz (1971/72 Fraktionsvorsitzender), Mitglied der Christlich Demokratischen Union seit 1951.

Franken, Werner
Leitender Ministerialrat, stellvertretender Leiter der Gesundheitssabteilung im Ministerium für Soziales, Gesundheit und Umwelt von Rheinland-Pfalz. Krankenhausreferent des Landes.
Seit 1982 Abteilungsleiter im Ministerium für Soziales und Familie. 1987 Ministerialdirigent.

Jaeger, Heinz
Dr. med., Leitender Medizinaldirektor bei der Bezirksregierung Koblenz von 1971-1981.

Dahmen, Heinz
Dr. med., Leitender Medizinaldirektor, Leiter des Gesundheitsamtes Koblenz seit 1976.

Lisai, Tommaso
Generalstabsarzt. Chef des italienischen militärischen Sanitätswesens.

Monaco Domenico Mario
Gen. Med. (Generalarzt a. D.), Chefredakteur der italienischen Zeitschrift *Giornale di medicina militare.*

Hildebrandt Horst
Generalleutnant. Inspekteur des Heeres von 1973-1979.
Geboren am 2. Januar 1919 in Neustettin (Pommern). 1937 Eintritt in die Wehrmacht als Offizieranwärter. 1939 Leutnant. Im 2. Weltkrieg Verwendungen in der Truppe und in Stäben, zuletzt als Major. 1956 Eintritt in die Bundeswehr. Taktiklehrer

an der Heeresoffizierschule, Generalstabsausbildung an der Führungsakademie der Bundeswehr, Hilfsreferent und Referent im Bundesministerium der Verteidigung, Chef des Stabes einer Division und eines Korps, Kommandeur einer Panzerbrigade, Unterabteilungsleiter im Bundesministerium der Verteidigung. 1970 Kommandeur einer Panzergrenadierdivision, Generalmajor. 1973 als Generalleutnant Befehlshaber der Allierten Landstreitkräfte Schleswig-Holstein-Jütland.
Von 1973-1979 Inspekteur des Heeres.

Horst Hildebrandt
Quelle: Bundesbildstelle Bonn

Ronflet, R.
Médecin Général Inspecteur (Generalstabsarzt).
Leiter des Sanitätsdienstes der französischen Streitkräfte in der Bundesrepublik Deutschland von 1963-1974

Desangle, J. J.
Médecin Général Inspecteur (Generalstabsarzt).
Leiter des Sanitätsdienstes der französischen Streitkräfte in der Bundesrepublik Deutschland von 1974-1980

Durand-Delacre, René
Médecin Général, Inspecteur (Generalstabsarzt, Leiter der Abteilung Versorgung und Nachschub der französischen Streitkräfte).

Moal, Jean-Louis
Médecin en Chef (Oberstarzt, Chefarzt des französischen Militär-Hospitals »André Genet« in Trier).

Linde, Hansjoachim
Dr. med., Generaloberstabsarzt. Inspekteur des Sanitäts- und Gesundheitswesens der Bundeswehr von 1982-1986.
Geboren am 6. April 1926 in Ortelsburg (Ostpreußen). Besuch von humanistischen Gymnasien in Stuttgart und Berlin. 1943 Eintritt in die Luftwaffe als Offizieranwärter, Ausbildung zum Flugzeugführer. 1945/46 sowjetrussische Kriegsgefangenschaft. Danach Studium der Medizin. 1954 Staatsexamen und Promotion. Klinische Ausbildung in den Fächern Chirurgie und Gynäkologie. 1957 Eintritt in die Bundeswehr, sechsjährige Verwendung als Chef einer Luftwaffensanitätsstaffel. Anschließend Ausbildung für Luft- und Raumfahrtmedizin in den USA, 1963-1966 Verwendung als Fliegerarzt beim Jagdbombergeschwader 34. Bis 1970 Dezernent für Organisation, 1971-1974 Referent für Planung und Führung des Sanitätsdienstes im Bundesministerium der Verteidigung.

Hansjoachim Linde
Photo aus Privatbesitz

Anschließend zwei Jahre Kommandoarzt und Sanitätskommandeur beim Territorialkommando Süd. 1976-1980 Kommandeur der Akademie des Sanitäts- und Gesundheitswesens. 1980-1982 Amtschef des Sanitätsamtes der Bundeswehr. 1982-1986 Generaloberstabsarzt und Inspekteur des Sanitäts- und Gesundheitswesens der Bundeswehr. Seither Bundesarzt des Deutschen Roten Kreuzes.

Ermisch, Günter
Dr. jur., Staatssekretär im Bundesministerium der Verteidigung von 1984-1987.

Obata, Michio
Offizier im Verteidigungsamt (Sanitätsabteilung) des japanischen Staates.

Yusuke, Matsushima
Oberst des japanischen Heeres, Verteidigungsattaché.

Ataç, Nesdet
Rear Admiral (Konteradmiral, Abteilungsarzt im Marine-Hospital Istanbul).

Wolfgang Hammen
Photo aus Privatbesitz

Hammen, Wolfgang
Dr. med., Generalstabsarzt. Amtschef des Sanitätsamtes der Bundeswehr von 1982-1985.
Geboren am 2. März 1925 in Wiesbaden. 1942 Eintritt in die Luftwaffe als Saniätsoffizieranwärter. Studium der Medizin als Angehöriger der Ärztlichen Akademie der Luftwaffe an der Universität Berlin. Nach Luftkriegsschule und Physikum Einsatz als Oberfähnrich im Truppensanitätsdienst der Luftwaffe. Nach Kriegsgefangenschaft Wiederaufnahme des Medizinstudiums. 1948 Staatsexamen und Approbation. 1951 Promotion. 1956 Anerkennung als Facharzt für Innere Medizin.
1956 Eintritt in die Bundeswehr als Stabsarzt. Verwendungen als Truppenarzt und Chef einer Luftwaffen-Sanitätsstaffel.
1961-1969 Hilfsreferent im Bundesministerium der Verteidigung. Anschließend Divisionsarzt bis 1971.
Danach Referent im BMVg., von 1973-1976 Unterabteilungsleiter der Inspektion des Sanitäts- und Gesundheitswesens.
Von Oktober 1976 bis März 1982 Chef des Stabes und Stellvertreter des Amtschefs beim Sanitätsamt der Bundeswehr.
Vom 1. 4. 1982 bis 31. 3. 1985 Amtschef des Sanitätsamtes der Bundeswehr.

Hiehle, Joachim
Dr. jur., Staatssekretär im Bundesministerium der Verteidigung von 1978-1983.
Geboren am 21. Dezember 1926 in Berlin-Schöneberg.

Rösler, Johannes Baptist
Dr. phil., Bürgerbeauftragter des Landes Rheinland-Pfalz.
Geboren am 1. Juli 1922.

Böckmann, Kurt
Innenminister des Landes Rheinland-Pfalz von 1976-1987.
Geboren am 16. Dezember 1929 in Ludwigshafen.

Weng, Wolfgang
Dr. rer. nat., Apotheker, Oberstabsapotheker der Reserve. Mitglied des Bundestages seit 1983.

Müller, Ernst
Dr. med., Admiralarzt. Chefarzt des Bundeswehrzentralkrankenhauses Koblenz seit 1. April 1984.
Geboren am 8. Dezember 1926 in Kolberg. Besuch des dortigen Domgymnasiums. 1944 Reichsarbeitsdienst, anschließend Einberufung zur Wehrmacht im Mai 1944. ROB-Lehrgang an der Offizierschule Gnesen. Einsatz dieser Schule als *Kampfgruppe Grote* in infanteristischen Nahkämpfen. Zuletzt Einsatz in der Festung Breslau.
Verwundungen: Steckschuß der Halswirbelsäule, Oberschenkelamputation rechts (in sowjetrussischer Kriegsgefangenschaft). 1947/48 Sonderlehrgang für Kriegsteilnehmer mit Abschluß des Abiturs. März-November 1948 Bauhilfsarbeiter bei der Fa. Hoch-Tief. Studium in Köln. Staatsexamen 1954, Promotion 1958.
Assistenzarzttätigkeit an mehreren Kliniken. 1962 Eintritt in die Bundeswehr. Verwendung im Marinestützpunkt Wilhelmshaven, später Staffelchef. 1967-1970 Referent in der Inspektion des Sanitäts- und Gesundheitswesens (InSan I 1), 1970-1975 Leiter der Fachärztlichen Untersuchungsstellen 1 und 8 am Bundeswehrkrankenhaus Kiel. 1975 Versetzung an das Bundeswehrkrankenhaus Hamm, zunächst Leiter der Fachärztlichen-Untersuchungsstelle 1, 1978 Leiter der Abteilung I. 1981 Chefarzt des Bundeswehrkrankenhauses Hamm.
Seit 1. April 1984 Chefarzt des Bundeswehrzentralkrankenhauses Koblenz.

Ernst Müller
Photo: W. Geißen

Tegethoff, Jürgen
Dr. jur., Präsident der Wehrbereichsverwaltung IV (Wiesbaden) seit 1. August 1985.
Geboren am 24. September 1924 in Königswinter.

Gunter Desch
Photo aus Privatbesitz

Desch, Gunter
Dr. med., Generalstabsarzt und Stellvertreter des Inspekteurs des Sanitäts- und Gesundheitswesens der Bundeswehr seit 1. Oktober 1986.
Geboren am 5. Juli 1937 in Würzburg. Humanistisches Gymnasium, Abitur, Medizinstudium ab 1956 in München, Frankfurt und Würzburg, in den letzten vier Semestern Stipendiat der Bundeswehr. 1963 Staatsexamen und Promotion. Nach Approbation ab 1. Juli 1965 Stabsarzt der Bundeswehr. Verwendungen als Truppenarzt, Zugführer im Sanitätsbataillon, S 3 beim Divisionsarzt, Chef einer Sanitätskompanie. 1970 Hörsaalleiter an der Akademie für Sanitäts- und Gesundheitswesen München. Von 1971-1975 Referent in der Inspektion des Sanitäts- und Gesundheitswesens im Bundesministerium der Verteidigung.
1975 Personalführung der Heeressanitätsoffiziere/Arzt sowie die Koordination der personellen Besetzung zentraler Sanitätsdienststellen.
1979 Oberstarzt und Divisionsarzt der 5. Panzerdivision. 1980 Leiter des Personalreferats Sanitätsoffiziere, Offiziere des militärischen Dienstes (San.) und Militärmusikdienstes im BMVg.
1983 Generalarzt, Chef des Stabes und Stellvertreter des Amtschefs des Sanitätsamtes der Bundeswehr. 1985 Unterabteilungsleiter II beim Inspekteur des Sanitäts- und Gesundheitswesens der Bundeswehr.
Ab 1. Oktober 1986 Generalstabsarzt und Stellvertreter des Inspekteurs.

Das Garnisonlazarettwesen der preußischen Armee im 18. und 19. Jahrhundert

Die ersten Garnisonlazarette in Preußen entstanden im Jahre 1709, als die zur Aufnahme von Pestkranken errichteten Hospitäler frei wurden. In Berlin ging aus einem derartigen Pesthaus ein Garnisonlazareth hervor, das als *Bürgerlazareth* auch zivile Kranke aufzunehmen hatte. 1727 wurde aus ihm ein neues Krankenhaus - Charité benannt - gegründet, das künftighin vorwiegend als Lehrstätte für angehende Militärärzte diente.
Daneben entstanden in Preußen nur an wenigen größeren Garnisonorten (z. B. Potsdam, Frankfurt a. d. Oder) eigene Lazarette für die dort stationierten Truppen. Unterbringung, Verpflegung und medizinische Pflege entsprachen damals nicht den Verhältnissen anderer Länder (z. B. Frankreich, England, Österreich), in denen schon gut organisierte Militärhospitäler bestanden.
Die preußischen Garnisonlazarette waren Anfang des 19. Jahrhunderts noch Einrichtungen, die von den örtlichen Truppen verwaltet wurden. Die Leitung lag in den Händen der Regimentskommandeure, während die zuständigen Regiments- oder Bataillonschirurgen für die Behandlung ihrer kranken Soldaten verantwortlich waren.
Im Zuge der Reorganisation des preußischen Heeres wurde 1809 unter dem damaligen Generalstabschirurgen Goercke die *Instruktion, nach welcher die Kranken in der Kgl. Preußischen Armee verpflegt werden sollen,* herausgegeben. Sie stellte das erste Reglement für die preußischen Friedenslazarette dar. Weitere Verordnungen, wie das *Allgemeine Regulativ für das Servis-und Einquartierungswesen (1810)* und die *Normalvorschriften über Anlegung und Errichtung von Lazarethen (1819)* folgten.
1825 wurde die Verwaltung der Lazarette den neu eingerichteten Intendanturen übergeben. Das *Reglement für die Friedenslazarethe* stellte die Garnisonlazarette nun unter die Aufsicht des Staates, indem sie dem Kriegsministerium und dem Generalstabsarzt der Armee unterstellt wurden. Als Provinzialorgane wurden die General-Divisionsärzte (ab 1828 Corpsärzte) und die Intendanturen zwischengeschaltet. Von diesem Zeitpunkt an wurden die Garnisonlazarette von einer Lazarett-Kommission verwaltet. Diese Lazarett-Kommissionen blieben bis 1873 bestehen, danach wurden Chefarztstellen für die Lazarette geschaffen.
Je nach Größe der Garnison bestand eine Lazarett-Kommission aus einem Stabsoffizier oder Hauptmann, einem höheren Militärchirurgen (ab 1819 Militärarzt) und einem Intendanturbeamten (Rendant oder Lazarettinspektor). In einem großen Garnisonlazarett - wie z. B. in Coblenz - waren Regimentsärzte Mitglieder der Lazarett-Kommission. Der dienstälteste Regimentsarzt wurde nebenamtlich zum Lazarett-Dirigenten ernannt. Ihm oblag ausschließlich die Organisation des krankenpflegerischen Dienstes. Die Disziplinargewalt wurde dagegen von den Militärmitgliedern der Lazarett-Kommission ausgeübt. Jedes Garnisonlazarett war in der damaligen Zeit (bis 1918) mit einer militärischen Wachmannschaft besetzt, geführt von einem sogenannten Polizeiunteroffizier. Der Lazaretteingang wurde von einem Posten bewacht.
Während die Bataillonsärzte der einzelnen Truppenteile ihre kranken Soldaten als *ordonnierende Ärzte* täglich visitierten, waren zum Tages- und Nachtdienst Kompaniechirurgen im Wechsel als Wachhabende an die Lazarette kommandiert. Diese durften nur auf Anordnung der Obermilitärärzte Behandlungsmaßnahmen durchführen; Arzneiverordnungen waren ihnen untersagt. Für die krankenpflegeri-

sche Betreuung kamen ab 1832 die Chirurgengehilfen hinzu, deren Laufbahn neu geschaffen wurde. Ab 1848 Lazarettgehilfen genannt, gingen aus ihnen später die Sanitätsunteroffiziere und -mannschaften hervor. Schließlich wurden für die einfachen Handreichungen und Stationsarbeiten Krankenwärter angestellt.
Im Gegensatz zu heute kam den damaligen Garnisonlazaretten keine überregionale Bedeutung zu. Sie waren für die Truppen der Garnison bestimmt, und zwar nur für Mannschaften. Offiziere durften wohl behandelt werden, mußten aber Unterkunft, Verpflegung und Behandlung bezahlen. Die meisten Offiziere unterzogen sich damals im Erkrankungsfall einer häuslichen Behandlung in ihren Quartieren. Auch in den nach 1875 zunehmend errichteten Lazarettneubauten waren nur 1 % der Betten für unbemittelte Offiziere vorgesehen.

Nach 1848 wirkten sich die militärmedizinischen Reformforderungen auch auf die Entwicklung des Lazarettwesens aus. König Friedrich Wilhelm IV., der von 1840-1858/61 regierte, ließ verkünden: *Der kranke Soldat soll nicht so billig als möglich, sondern so gut als möglich behandelt werden.* 1852 erschien ein neues *Reglement für Friedenslazarethe der Kgl. Preußischen Armee,* das Grundsätze für Lazarettneubauten und Vorschriften über Hygiene enthielt. 1868 wurden in allen Garnisonlazaretten Stationen eingeführt. Erst seit dieser Zeit erfolgte die Unterbringung der kranken Soldaten entsprechend ihren Krankheitsdiagnosen und nicht mehr nach Truppenteilen gesondert. So gab es seitdem chirurgische (äußere), innere und Geschlechtskranken-Stationen. Lazarette am Sitz eines Generalkommandos (Armeekorps) erhielten ab 1905 zusätzlich fachärztlich geleitete Augen-, Ohren- und Zahnkrankenstationen. 1873 erfolgte gleichzeitig mit der Bildung des Sanitätsoffizierkorps die Einführung von Chefärzten in den Garnisonlazaretten, denen die Gesamtleitung über den krankenpflegerischen und administrativen Bereich übertragen wurde. Als Sanitätsoffiziere wurden sie Vorgesetzte der Unteroffiziere und Soldaten und erhielten die Disziplinargewalt.
Die Chefärzte wurden von den diensältesten Militärärzten am Standort, Regiments- oder Bataillonsärzten, gestellt. In Divisionsstabsquartieren übernahmen die Divisionsärzte (hauptamtlich eingeführt seit 1897) die Chefarztfunktionen in Personalunion. Im Falle der Mobilmachung und im Krieg wurden die Garnisonärzte als Chefärzte tätig. Ende des 19. Jahrhunderts wurde die Leitung der Garnisonlazarette zunehmend den Garnisonärzten nebenamtlich übertragen. In größeren Garnisonen - wie Coblenz - erhielten diese ebenso wie die Divisionsärzte ab 1898 den Rang eines Generaloberarztes (dem heutigen Oberfeldarzt entsprechend). Behandelnde Ärzte blieben aber weiterhin die Truppenärzte, die vom Chefarzt als ordonnierende Ärzte für die Stationen eingeteilt wurden.
Mit der Einführung des *Arzneibuchs für das Deutsche Reich* wurden neue Instruktionen über die Versorgung der Armee mit Arznei- und Verbandmitteln notwendig. Die Militärapotheken wurden den neuen Anforderungen angepaßt. Einjährig Freiwillige, ausgebildete Apotheker, wurden den Garnisonlazaretten zugeteilt. 1898 wurden erstmals fünf Stellen für Garnisonapotheker neu eingerichtet.

In der ersten Hälfte des 19. Jahrhunderts entstanden in Preußen nur wenige Garnisonlazarette als Neubauten. Nach den Befreiungskriegen und nach der preußischen Inbesitznahme Westfalens und des Rheinlands wurden ab 1815 in den meisten Standorten zunächst frühere französische Militärhospitäler oder säkularisierte Klöster als Garnisonlazarette benutzt. So wurde in Cöln das ehemalige Karthäuserkloster als Lazarett mit 296 Betten eingerichtet. Weitere Lazarette wurden in Düsseldorf (100 Betten), Minden (150 Betten), Luxemburg (212 Betten), Trier (183 Betten), Mainz (165 Betten), Saarlouis (159 Betten), Aachen und Jülich (je 60 Betten) bezogen.

In Coblenz wurde das ehemalige Dominikanerkloster in den Jahren 1825/1826 als Garnisonlazarett mit anfangs 210 Betten eingerichtet. In Minden entstand zwischen 1829/1832 als Neubau innerhalb der Festungsmauern ein *bombensicheres Festungslazareth.*

Nach 1850 wurde der Bau von Friedenslazaretten intensiviert, die den neu erarbeiteten Grundsätzen baulicher, hygienischer und sanitärer Forderungen entsprachen.

An Stelle kleinerer Regimentslazarette wurde in Berlin 1853 das Garnisonlazarett I eröffnet, das mit einer Kapazität von 518 Betten das größte Garnisonlazarett Preußens darstellte. Die Gebäude dienen heute noch als staatliches Krankenhaus. 1878 folgte in Berlin der Neubau des Garnisonlazaretts II in Tempelhof mit 504 Betten, das nach Renovierungen und Umbau unter dem Namen Wenckebach-Krankenhaus bis heute in Betrieb ist.

Dieses Lazarett gehörte zu einer Gruppe von Militärlazarettbauten, die von dem Architekten Martin Gropius geplant wurden. Mit seinem ebenfalls namhaften Partner Heino Schmieden erhielt er die Aufträge zur Planung und Ausführung folgender weiterer Lazarettbauten: Königsberg i.Pr. (1875-1879), Küstrin (1876-1877), Düsseldorf (1876-1880) und Ehrenbreitstein (1878-1879). Unter den weiteren Großbauten, die diese Archtitektengruppe durchführte, seien erwähnt: Chirurgische Universitätsklinik und Universitätsaugenklinik in der Ziegelstraße in Berlin, das Krankenhaus Berlin-Friedrichshain, das Kunstgewerbemuseum in Berlin und das Gewandhaus in Leipzig.

Vor dem Ersten Weltkrieg entstanden noch weitere größere moderne Garnisonlazarette in Potsdam (1890-1894) mit 309 Betten, in Stettin (1892-1894) mit 154 Betten und in Insterburg (1906) mit 115 Betten. Das modernste Garnisonlazarett dieser Periode entstand in den Jahren 1910-1914 in Coblenz-Moselweiß mit 320 Betten. Nachdem die Mehrzahl der Gebäude fertiggestellt war, wurde dieses in kombinierter Pavillon-Blockbauweise errichtete Lazarett im Jahre 1912 bezogen.

Es löste das alte Garnisonlazarett im Dominikanerkloster ab, das schon 1890 nicht mehr den Anforderungen der Zeit entsprach. Auf die kritischen Bemerkungen des damaligen Generalstabsarztes v. Coler im Besichtigungsbuch sei verwiesen.

Welche Bedeutung der Entwicklung der damaligen preußischen Militärlazarette seitens der Führung des Militär-Medizinalwesens beigemessen wurde, geht aus einem Erlaß des Generalstabsarztes v. Coler hervor, den dieser am 27. 3. 1889, bald nach seinem Dienstantritt, herausgegeben hat. In ihm heißt es:

Die Hauptstätte der Thätigkeit der Militärärzte, die Militärlazarethe, sollen sich als Musteranstalten entwickeln; Muster nicht durch prunkvolle Ausstattung im Aeussern, sondern durch eine sorgfältige Verwaltung im ökonomischen und hygienischen Sinne, die dem Kranken die zweckmässigste Unterkunft sichert, Muster ferner in der Richtung, dass demselben seitens der Aerzte die beste Hülfe und Pflege nicht nur auf Grund einer ausgezeichneten technischen Leistungsfähigkeit, sondern auch im warmempfundenen und bezeugten Mitgefühl gegeben wird.

Gerade in dieser Beziehung auch soll das Militärlazareth eine Stätte sein, wo der Erkrankte selbst die volle Zuversicht empfindet, auch seine Vorgesetzten und Angehörigen ihn einer allseitigen Fürsorge theilhaftig wissen, wie solche ihm im Schutze der Familie zu eigen sein würde.

Tabellarischer Anhang

1. Die Kommandierenden Generale des VIII. Armee-Corps
2. Die Corpsärzte des VIII. Armee-Corps
3. Die Gouverneure und Festungskommandanten zu Coblenz und Ehrenbreitstein
4. Die Dirigierenden Ärzte und Chefärzte (seit 1873) am Königlichen Garnisonlazarett zu Coblenz
5. Die Kommandierenden Generale des III. Korps
6. Die Korpsärzte des III. Korps
7. Die Chefärzte des Bundeswehrlazaretts bzw. Zentrallazaretts der Bundeswehr und des Bundeswehrzentralkrankenhauses

1. Die Kommandierenden Generale des VIII. Armee-Corps

1815 **Gneisenau**, Neidhardt Graf v., General der Infanterie

1816 **Hake**, Albrecht v., Generalleutnant

1820 **Thielmann**, Johann Adolf Freiherr v.
General der Kavallerie

1825 **Borstell**, Karl Leopold Heinrich Ludwig v.
General der Kavallerie

1840 **Thile**, Adolf Eduard v., General der Infanterie

1848 **Brandenburg**, Alexander Ferdinand Julius Wilhelm Graf v.
General der Kavallerie

1849 **Hirschfeld**, Moritz v., General der Infanterie

1859 **Bonin**, Eduard Wilhelm Ludwig Karl v.
General der Infanterie

1865 **Herwarth v. Bittenfeld**, Karl Eberhard
General der Infanterie

1870 **Goeben**, August Karl Friedrich Christian v.
General der Infanterie

1880 **Thile**, Ludwig Otto Hugo v., General der Infanterie

1884 **Loë**, Friedrich Karl Walter Degenhardt Freiherr v.
Generaloberst

1895 **Bülow**, Adolf v., General der Kavallerie

1896 **Vogel v. Falckenstein**, Maximilian, General der Infanterie

1897 **Friedrich** Wilhelm Ludwig Leopold August
Erbgroßherzog von Baden
General der Infanterie

1902 **Deines**, Gustav Adolf v., General der Kavallerie

1907 **Ploetz**, Paul v., General der Infanterie

1913 **Tülff v. Tschepe** und **Weidenbach**, Franz Erich Theodor
General der Infanterie

1914 **Riemann**, Julius, General der Infanterie

1916 **Dieffenbach**, Karl, Generalleutnant

1917 **Plüskow**, Hermann Otto Ferdinand Karl v.
General der Infanterie

1917 **Schöler**, Roderich v., Generalleutnant

2. Die Corpsärzte des VIII. Armee-Corps

1825-1848 **Hübner**, Friedrich Ludwig, Dr., Generalarzt
(1825-1828 General-Divisionsarzt*)

1848-1861 **Richter**, Adolph Leopold, Dr., Generalarzt

1862-1883 **Scholler**, Friedrich August, Dr., Generalarzt

1884-1887 **Eilert**, Otto, Dr., Generalarzt,

1888-1899 **Lentze**, Wilhelm, Dr., Generalarzt

1900-1903 **Timann**, Fritz, Dr., Generalarzt

1904-1909 **Ott**, Willibald, Dr., Generalarzt

1910-1918 **Hünermann**, Rudolf, Dr., Generalarzt

*) Anmerkung:
Die Bezeichnung *General-Divisionsarzt* wurde 1828 durch *Corpsarzt* ersetzt.

3. Die Gouverneure und Festungskommandanten zu Coblenz und Ehrenbreitstein

1816 **Hofmann**, Georg Wilhelm v.
Oberst. Kommandant von Coblenz

1817 **Restorff**, Friedrich Ludwig Julius v.
Major. Kommandant der Festung Ehrenbreitstein

1818 **Hofmann**, Georg Wilhelm v.
Generalmajor. Kommandant der seit 1818 vereinigten Festungen von Coblenz und Ehrenbreitstein

1826 **Aster**, Ernst Ludwig, Generalleutnant

1837 **Groeben**, Friedrich Ludwig v. d., Generalmajor

1839 **Müffling**, Wilhelm Freiherr v., Generalleutnant

1843 **Bardeleben**, Karl Moritz, Ferdinand v., Generalleutnant

1848 **Wussow**, Johann Georg Philipp v., Generalmajor

1850 **Griesheim**, Karl Gustav Julius v., Generalmajor

1854 **Knobloch**, Friedrich Adolf v., Generalmajor

1857 **Roehl**, Johann Ernst Gustav v., Oberst

1858 **Woldemar, Prinz von Schleswig-Holstein**
Generalleutnant

1860 **Zastrow**, Julius v., Generalmajor

1862 **Scholten**, Friedrich Wilhelm Georg Leopold v.,
Generalleutnant

1864 **Oelrichs**, August Gabriel, Friedrich v., Generalleutnant

1865 **Hartmann**, Julius Hartwig Friedrich v., Generalmajor

1866 **Uechtritz** Alexander Theodor v., Generalleutnant

1866 **Hartmann**, Julius Hartwig Friedrich v., Generalleutnant

1867 **Prondzynski**, Conrad Wilhelm Ferdinand v.
Generalleutnant

1870 **Ollech**, Karl Rudolf v., Generalleutnant

1870 **Wedell**, Karl Friedrich v., Generalmajor

1871 **Beyer**, Gustav v., General der Infanterie

1880 **Gélieu**, Bernard v., Generalleutnant

1890 **Rantzau**, Heinrich Adalbert Graf zu, Generalmajor

1891 **Wurmb**, Robert v., Generalmajor

1895 **Davidson**, Eduard v., Generalmajor

1900 **Schlieffen**, Arthur Graf v., Generalmajor

1905 **Lüdinghausen** genannt **Wolff**, Otto August Alexander Freiherr v., Generalmajor

1907 **Woedtke**, Axel v., Generalleutnant

1910 **Zastrow**, Ernst v., Generalmajor

1912 **Luckwald**, Leopold Hans v., Generalleutnant

Anmerkung:
Gouverneure gab es in Coblenz von 1840-1847 und 1867-1880. Sie waren zugleich die Ersten Festungskommandanten zu Coblenz und Ehrenbreitstein.

4. Die Dirigierenden Ärzte und Chefärzte (seit 1873) am Königlichen Garnisonlazarett zu Coblenz

1826-1833	**Feuerstein,** Carl Friedrich, Dr., Regimentsarzt des 25. Infanterie-Regiments
1834-1842	**Hutawa,** A., Dr., Regimentsarzt des 29. Infanterie-Regiments
	Sommer, E., Dr., Regimentsarzt der 8. Artillerie-Brigade
1843-1849	**Hutawa,** A., Dr., Regimentsarzt des 29. Infanterie-Regiments
	Knipfer, Heinrich Wilhelm, Dr., Regimentsarzt der 8. Artillerie-Brigade
1850-1852	**Breithaupt,** Karl-Werner, Dr., Regimentsarzt (1852 Oberstabsarzt) des 25. Infanterie-Regiments
	Knipfer, Heinrich-Wilhelm, Dr., Regimentsarzt (1852 Oberstabsarzt) der 8. Artillerie-Brigade
1853-1859	**Breithaupt,** Karl-Werner, Dr., Oberstabsarzt, Regimentsarzt des 25. Infanterie-Regiments
1860	**Bitkow,** Karl Theodor, Dr., Oberstabsarzt, Regimentsarzt des 3. Rheinischen Infanterie-Regiments Nr. 29
	Vogel, Dr., Stabsarzt, Regimentsarzt ad interim des 4. Garde-Grenadier-Regiments
	Gronert L. F., Dr., Stabsarzt, Regimentsarzt ad interim des 1. Rheinischen Infanterie-Regiments Nr. 25
1861	**Bitkow,** Karl Theodor, Dr., Oberstabsarzt, Regimentsarzt des 3. Rheinischen Infanterie-Regiments Nr. 29
	Weltin, Dr., Oberstabsarzt, Regimentsarzt des 6. Rheinischen Infanterie-Regiments Nr. 68
	Vogel, Dr., Oberstabsarzt, Regimentsarzt des 4. Garde-Grenadier-Regiments
1862-1863	**Lange,** J. F., Dr., Oberstabsarzt, Regimentsarzt des 4. Garde-Grenadier-Regiments Königin
	Nütten, Dr., Oberstabsarzt, Regimentsarzt des Niederrheinischen Füsilier-Regiments Nr. 39
	Weltin, Dr., Oberstabsarzt, Regimentsarzt des 6. Rheinischen Infanterie-Regiments Nr. 68
1864	**Henrici,** Wilhelm, Dr., Oberstabsarzt, Regimentsarzt des 4. Garde-Grenadier-Regiments Königin
	Nütten, Dr., Oberstabsarzt, Regimentsarzt des Niederrheinischen Füsilier-Regiments Nr. 39
	Goeden, B., Dr., Oberstabsarzt, Regimentsarzt des 2. Posenschen Infanterie-Regiments Nr. 19
1865	**Henrici,** Wilhelm, Dr., Oberstabsarzt, Regimentsarzt des 4. Garde-Grenadier-Regiments Königin
	Nütten, Dr., Oberstabsarzt, Regimentsarzt des Niederrheinischen Füsilier-Regiments Nr. 39
	Goeden, B., Dr., Oberstabsarzt, Regimentsarzt des 2. Posenschen Infanterie-Regiments Nr. 19
1866	**Henrici,** Wilhelm, Dr., Oberstabsarzt, Regimentsarzt des 4. Garde-Grenadier-Regiments Königin
	Schickert, Hermann, Dr., Oberstabsarzt, Regimentsarzt des 6. Rheinischen Infanterie-Regiments Nr. 68
1867	**Herzer,** Carl, Dr., Oberstabsarzt, Regimentsarzt des 4. Garde-Grenadier-Regiments Königin
	Schickert, Hermann, Dr., Oberstabsarzt, Regimentsarzt des 6. Rheinischen Infanterie-Regiments Nr. 68
1868-1871	**Henrici,** Wilhelm, Dr., Oberstabsarzt, Regimentsarzt des 4. Garde-Grenadier-Regiments Königin
	Rhenius, Hermann, Dr., Oberstabsarzt, Regimentsarzt des 3. Rheinischen Infanterie-Regiments Nr. 29
	Schickert, Hermann, Dr., Oberstabsarzt, Regimentsarzt des 6. Rheinischen Infanterie-Regiments Nr. 68
1872	**Henrici,** Wilhelm, Dr., Oberstabsarzt, Regimentsarzt des 4. Garde-Grenadier-Regiments Königin
	Juzi , Julian, Dr., Oberstabsarzt, Regimentsarzt des 3. Rheinischen Infanterie-Regiments Nr. 29
	Schickert, Hermann, Dr., Oberstabsarzt, Regimentsarzt des 6. Rheinischen Infanterie-Regiments Nr. 68
1873-1887	**Herzer,** Carl, Dr., Oberstabsarzt l. Klasse, Garnisonarzt
1888	**Trepper,** August, Dr., Oberstabsarzt 2. Klasse, Garnisonarzt
1889-1897	**Redeker,** Karl, Dr., Oberstabsarzt 1. Klasse, Regimentsarzt des 4. Garde-Grenadier-Regiments Königin (ab 1891 Königin Augusta Garde-Grenadier-Regiment Nr. 4). Ab Oktober 1893 beim Schleswigschen Fußartillerie-Bataillon Nr. 9. Ab 1894 Regimentsarzt des Schleswig-Holsteinschen Fußartillerie-Regiments Nr. 9
1898	**Groschke,** Hans, Dr., Generaloberarzt, Garnisonarzt
1903	**Scholze,** Albert, Dr., Generaloberarzt, Garnisonarzt
1904	**Marsch,** Otto, Dr., Generaloberarzt, Garnisonarzt
1909-1912	**Bücker,** Georg, Dr. Generaloberarzt, Garnisonarzt
1913	**Schulz,** F. O. M., Dr., Oberstabsarzt, Regimentsarzt des Schleswig-Holsteinschen Fußartillerie-Regiments Nr. 9
1914	**Bücker,** Georg, Dr., Generaloberarzt, Garnisonarzt

Anmerkung:
Im Weltkrieg 1914-1918 war der Garnisonarzt Chefarzt aller Lazaretteinrichtungen am Standort.
Als Chefärzte der einzelnen Lazarette und Hilfslazarette waren Sanitätsoffiziere der Reserve eingesetzt.

5. Die Kommandierenden Generale des III. Korps

1957-1960	**Lüttwitz.** Smilo Freiherr v., Generalleutnant
1961-1965	**Gaedcke,** Heinz, Generalleutnant
1965-1968	**Schnez,** Albert, Generalleutnant
1968-1972	**Niepold,** Gerd, Generalleutnant
1972-1978	**Pöschl,** Franz, Generalleutnant
1978-1980	**Kleffel,** Paul-Georg, Generalleutnant
1980-1983	**Altenburg,** Wolfgang, Generalleutnant
1983-1984	**Mack,** Hans-Joachim, Generalleutnant
1984-1987	**Diedrichs,** Karl-Erich, Generalleutnant
Ab 1. Okt. 1987	**Hansen,** Helge, Generalleutnant

6. Die Korpsärzte des III. Korps

1957	**Hockemeyer,** Herbert, Dr. med., Oberfeldarzt
1957-1961	**Bardua,** Hans-Günther, Dr. med., Oberstarzt
1961-1965	**Eichhorn,** Viktor, Dr. med., Oberstarzt
1965-1969	**Maurach,** Heino, Dr. med., Oberstarzt
1969-1973	**Jonscher,** Rudolf, Dr. med., Oberstarzt
1973-1977	**Schmitt,** Ludwig, Dr. med., Oberstarzt
1977-1980	**Glauer,** Dietrich, Dr. med., Oberstarzt
1980-1985	**Schaefer,** Reinhard, Dr. med., Oberstarzt
1985-1986	**Paul,** Manfred, Dr. med., Oberstarzt
Ab 1.10. 1986	**Seeburg,** Bernd, Dr. med., Oberstarzt

7. Die Chefärzte des Bundeswehrlazaretts bzw. Zentrallazaretts der Bundeswehr und des Bundeswehrzentralkrankenhauses Koblenz*)

1958-1966	**Breidenbach,** Norbert, Dr. med., Generalarzt
1966-1971	**Dittler,** Helmut, Dr. med., Generalarzt
1971-1975	**Nonn,** Leo, Dr. med., Generalarzt
1975-1979	**Felkl,** Kurt, Dr. med., Generalarzt
1979-1982	**Gärtner,** Franz Xaver, Dr. med., Dr. med. dent., apl. Professor, Generalarzt
1982-1984	**Richarz,** Friedrich-Albert, Dr. med., Admiralarzt
1984-	**Müller,** Ernst, Dr. med., Admiralarzt

*) Daten der Umbenennungen:

1. Juli 1965 in Zentrallazarett der Bundeswehr
1. Okt. 1970 in Bundeswehrzentralkrankenhaus

Quellen

Landeshauptarchiv Koblenz:

Bestand 403 Nr. 1934
Acta d. Rhein. Oberpräsidii Betr. die Unterstützung und Pflege der Kranken d. 4. und 8. Armee-Corps. 1830

Bestand 403 Nr. 2015
Einrichtung von Kantonnementslazarethen, 1831

Bestand 441 Nr.12770
Garnison-Bestimmungen für Coblenz und Ehrenbreitstein von 1888

Amtsblatt der Königl. Regierung zu Coblenz, Jg. 1816 ff.

Stadtarchiv Koblenz:

Bestand 623 Nr. 2534
Errichtung eines Garnisonlazareths, 1816

Bestand 623 Nr. 2668
Hospitalwesen 1814-1817

Bestand 623 Nr. 2046
Listen der Medicinalpersonen in Coblenz ab 1818 ff.

Bestand 623 Nr. 2728
Das Lazarethwesen, namentlich die Unterbringung des Garnisonlazareths im Hospital. 1816-1818

Bestand 623 Nr. 4208
Tabelle der Sanitätsanstalten, 1872

Handbuch für Bewohner der Stadt Coblenz, 1823 ff., erschienen bei B. Heriot, Coblenz

Krankenbuchlager Berlin:

Krankenbücher aus dem 1. Weltkrieg betr. Festungslazarett Coblenz

Archiv Mutterhaus der Barmherzigen Schwestern (Münster i. W.):

Handschriftliche Chronik der Schwestern (Klemensschwestern) im Garnisonlazarett Coblenz. Namensliste der Schwestern von 1866-1918

Reglements, Dienstvorschriften, Verordnungen

Reglement Vor die Königl. Preußischen Infanterie, Worin enthalten die Evolutions, das Manual und die Chargirung, und wie der Dienst im Felde und Garnison geschehen soll, auch wonach die sämtliche Offiziers sich sonst zu verhalten haben. Desgleichen wie viel an Tractatement bezahlet und davon abgezogen wird, auch wie die Mundirung gemachet werden soll.
Ordnung halber in XII. Theile, ein jeder Theil in gewisse Tituls, ein jeder Titul in gewisse Articles abgefasst.
Gegeben und gedruckt Potsdam, den 1. Martii 1726

Instruktion, nach welcher die Kranken in der Kgl. Preußischen Armee in den Garnisonlazarethen verpflegt werden sollen, v. 30. Sept. 1809, Berlin 1809

Allgemeines Regulativ über das Servis-und Einquartierungswesen vom 17. März 1810

Sammlung einzelner Vorschriften, Dienstanweisungen und sonstigen Ausarbeitungen über die Verwaltung der Lazarethe bei der Königl. Preußischen Armee.
2. Aufl., Berlin: Militärdepartement 1815

Reglement für die Friedenslazarethe der Königlich Preußischen Armee, Berlin 1825

Reglement für die Friedenslazarethe der Königlich Preußischen Armee, Berlin 1852

Verordnung über die Organisation des Sanitäts-Corps v. 6. 2. 1873 nebst Ausführungsbestimmungen und Nachträgen, Mittler & Sohn, Berlin 1879

Friedens-Sanitätsordnung (F.S.O.), Mittler & Sohn, Berlin 1891

Rang- und Quartierliste der Kgl. Preußischen Armee für die Jahre 1793-1806, 1817-1914

Zusammenstellung der Abänderungen des Reglements für die Friedenslazarethe der Kgl. Preußischen Armee (v. 5. Juli 1852), Berlin 1871

Veröffentlichung der Medizinal-Abteilung des Kriegsministeriums v. 24. April 1890 betr. die Berichterstattung über die Besichtigung der Lazarethe, in: Amtliches Beiblatt zur Deutschen Militärärztlichen Zeitschrift 1890, No. 6

Der Sanitätsdienst bei den Deutschen Heeren im Kriege gegen Frankreich 1870/71. Hrsg. von der Medizinal-Abteilung des Königl. Preußischen Kriegsministeriums. Mittler & Sohn, Berlin 1884

Das Königl. Preußische Kriegsministerium 1809-1909. Hrsg. und bearbeitet vom Kriegsministerium. Berlin 1909

Sanitätsbericht über das deutsche Heer im Weltkriege 1914/18. Mittler & Sohn, Berlin 1934

Gliederung des Heeressanitätswesens im Weltkriege 1914/18. Mittler & Sohn, Berlin 1935

Biographische Nachschlagewerke

Allgemeine Deutsche Biographie, hrsg. v. d. Histor. Kommission bei d. Bayer. Akademie d. Wissenschaften, 55 Bde. u. 1 Registerbd., München und Leipzig 1875-1912

Biographisches Jahrbuch und Deutscher Nekrolog, hrsg. v. A. Bettelheim, 18 Bde. (f. d. J. 1896-1913), Berlin 1897-1917, Register z. Bd. 1-10, 1908

Biographisches Lexikon der hervorragenden Ärzte aller Zeiten und Völker, hrsg. v. A. Hirsch, 2. Aufl. hrsg. v. W. Haberling, F. Hübotter, H. Vierordt, 5 Bde., Berlin und Wien 1929-1934, Erg.-Bd. u. Nachträge z. d. Bänden 1-5, bearb. v. W. Haberling u. H. Vierordt, 1935

Deutsches Geschlechterbuch, Alte Reihe Bände 1-119, Neue Reihe Bände 120-170, C. A. Starcke Verlag Limburg

Die Gothaischen Taschenbücher, Hofkalender und Almanach, Bd. 2 d. Schriftenreihe *Aus dem Deutschen Adelsarchiv,* Limburg 1968, v. Thomas v. Fritsch

Genealogisches Handbuch des Adels, Bände 1-66 (1951-1977), C. A. Starcke Verlag Limburg

Genealogisches Taschenbuch der Gräflichen Häuser, Jg. 1-115, Gotha 1825-1942

Genealogisches Taschenbuch der Freiherrlichen Häuser, Jg. 1-92, Gotha 1848-1942

Genealogisches Taschenbuch der (Ur) Adeligen Häuser, Teil A (Deutscher Uradel), Jg. 1-41, 1900-1942

Genealogisches Taschenbuch der (Brief) Adeligen Häuser, Teil B (Alter Adel und Briefadel), Jg. 1-34, Gotha 1907-1942

Neue deutsche Biographie, hrsg. v. d. Histor. Kommission bei der Bayer. Akademie d. Wissenschaften, Bd. 1-15, 1953-1987, Verlag Duncker & Humblot, Berlin

Priesdorff, Kurt v.: Soldatisches Führertum, Bd. 1-10 und 1 Verzeichnis. Hanseatische Verlagsanstalt Hamburg (um 1933)

Literatur:

Alten, G. v.: Handbuch für Heer und Flotte. Berlin, Leipzig, Wien, Stuttgart. 1909 ff.

Bär, Max: Aus der Geschichte der Stadt Koblenz, 1814-1914, Koblenz 1922

Beck, Wolfgang: Zur Geschichte der Militärlazarette im nördlichen Deutschland (Von den Anfängen bis um 1900). Inaugural-Dissertation 1980. Aus dem Institut für Geschichte der Medizin der Universität Köln (Direktor: Prof. Dr. med. Dieter Jetter)

Bellinghausen, Hans: 2000 Jahre Koblenz. Geschichte der Stadt an Rhein und Mosel. Haraldt Boldt-Verlag, Boppard 1971

Bertkau, F.: Geschichte des 6. Rheinischen Infanterie-Regiments Nr. 68, Coblenz 1908

Degen, Ludwig: Das Krankenhaus und die Kaserne der Zukunft, München 1822

Eckstein, Ulrich: Anzahl und Verteilung der Heilpersonen im Regierungsbezirk Koblenz um die Mitte des 19. Jahrhunderts. Inaugural-Dissertation, Berlin 1965

Frölich, H.: Der Friedensdienst des Chefarztes, in: Vierteljahresschrift für gerichtliche Medizin und öffentl. Sanitätswesen, 47. Jg. (1887), 326-343

Gropius, Karl Martin und Heinrich Schmieden: Das zweite Garnison-Lazareth für Berlin bei Tempelhof, in: Zeitschrift für Bauwesen 29 (1879), 172-212

Guttstadt, Albert: Krankenhaus-Lexikon für das Königreich Preußen. Berlin 1885 und 1900

Hansen, Joseph: Die Rheinprovinz 1815-1915 (2 Bde.), Bonn 1917

Hinze, Eduard: Feldscherer und Feldmedici in Deutschen wie in Fremden Heeren und Flotten, 1984

Köhler, A.: Einrichtungen zur Unterkunft Kranker und Verwundeter, in: Kriegschirurgen und Feldärzte Preußens und anderer Staaten in Zeit- und Lebensbildern, IV. Teil, 101 ff., Hirschwald, Berlin 1904 = Veröffentlichungen auf dem Gebiete des Militärsanitätswesens, Heft 27

Kowalk, R. B.: Militärärztlicher Dienstunterricht für einjährig-freiwillige Ärzte und Unterärzte sowie für Sanitätsoffiziere des Beurlaubtenstandes, Mittler & Sohn, Berlin 1908

Löffler, G. F. F.: Das preußische Militär-Sanitätswesen und seine Reform nach der Kriegserfahrung von 1866. Berlin 1868

Martin, Günther: Die bürgerlichen Excellenzen, zur Sozialgeschichte der preußischen Generalität 1812-1918. Droste-Verlag, Düsseldorf 1979

Mündnich, Josef: Das Hospital in Koblenz, Festschrift zur Hundertjahrfeier 1905

Neumann, Otto Ph.: Die Entwicklung des Garnisonlazarethwesens in Preußen, in: Deutsche Militärärztliche Zeitschrift XXIV (1909), 557-564

Richthofen, E. K. H. Freiherr v.: Die Medicinaleinrichtungen des Königlich Preußischen Heeres, 1. und 2. Teil, Potsdam 1836/1837

Rust, Johann Nepomuk: Magazin für die gesamte Heilkunde mit besonderer Rücksicht auf das Militär-Sanitätswesen im Kgl. Preußischen Staate, Bd. 1 (1816), 12 ff., Bd. 23 (1826), 482/483, Berlin

Schickert, Otto: Die Militärärztlichen Bildungsanstalten von ihrer Gründung bis zur Gegenwart. Festschrift zur Feier des hundertjährigen Bestehens des medizinisch-chirurgischen Friedrich-Wilhelms-Instituts. Mittler & Sohn, Berlin 1895

Schjerning, Otto v.: Gedenktage aus der Geschichte des Königl. Preußischen Sanitätskorps, erweitert von L. Bassenge. Mittler & Sohn, Berlin 1910

Schmidt, Hermann: Die Kaiser-Wilhelms-Akademie für das militärärztliche Bildungswesen von 1895-1910. Mittler & Sohn, Berlin 1910

Schnierstein, Joachim: Das Königliche Garnisonlazarett zu Coblenz in der preußischen Zeit, in: Wehrmedizin und Wehrpharmazie, 11. Jahrgang, II. Quartal (1987), 19-32

Ders.: Das Besichtigungsbuch des Königlichen Garnisonlazaretts zu Coblenz, in: Wehrmedizin und Wehrpharmazie, 11. Jahrgang, II. Quartal (1987), 35

Schröder, Paul: Krankenräume in Garnisonlazarethen. Handschrift um 1876. Original i. d. Wehrmedizinischen Bibliothek Bonn

Sponholz, Carl Moritz Fr.: Allgemeine und spezielle Statistik der Medizinalpersonen der Preußischen Monarchie, Stralsund 1845

Wätzold, P.: Stammliste der Kaiser-Wilhelms-Akademie für das militärärztliche Bildungswesen, 1910

Wegeler, Julius Stefan: Versuch einer medizinischen Topographie von Koblenz, 1835

Wischemann, Rüdiger: Die Festung Koblenz, Rhenania-Buchhandlung Koblenz, 1978

Wyklicky, Helmut: Das Josephinum, Edition Christian Brandstätter, Wien-München 1985

Personenregister

Dank

Die Herausgeber, der Autor und der Verleger nehmen gern die Gelegenheit wahr, allen zu danken, die durch Rat und Tat zum Entstehen dieses Buches beigetragen haben.
Sie danken den Förderern, die mit Druckkostenzuschüssen und Spenden die Herausgabe und gute Ausstattung dieser Dokumentation ermöglicht haben.
Aus deren großer Zahl seien hier genannt:

Die Stadt Koblenz
Die Sparkasse Koblenz
Die Offizierheimgesellschaft des Bundeswehrzentralkrankenhauses e.V.
Die Deutsche Gesellschaft für Wehrmedizin und Wehrpharmazie e.V.
Die RWE Betriebsverwaltung Rauschermühle
Der Beta Verlag & Marketinggesellschaft mbH, Bonn

Sie danken gleichermaßen denen, die den Autor als Wissenschaftler und Archivare beraten und unterstützt haben. Besonderer Dank gilt hier:
Herrn Prof. Dr. Hans Booms, Präsident des Bundesarchivs Koblenz
Herrn Prof. Dr. Franz-Josef Heyen, Leiter des Landeshauptarchivs und der Landesarchivverwaltung Rheinland-Pfalz
Herrn Archivar Dr. Walter v. Hueck, Leiter des Deutschen Adelsarchivs Marburg a.d. Lahn
Herrn Prof. Dr. Dieter Jetter, Direktor des Instituts für Geschichte der Medizin an der Universität Köln
Herrn Dr. Georg Meyer, Wissenschaftlicher Oberrat am Militärgeschichtlichen Forschungsamt Freiburg i. Breisgau
Herrn Prof. Dr. Hans Schadewaldt, Direktor des Instituts für Geschichte der Medizin der Universität Düsseldorf
Herrn Stadtarchivamtsrat Hans-Josef Schmidt, Leiter des Stadtarchivs Koblenz
Herrn Prof. Dr. Helmut Wyklicky, Vorstand des Institus für Geschichte der Medizin der Universität Wien
Sie danken den Beigeordneten der Stadt Koblenz, Herrn Hans-Peter Gorschlüter (Kulturdezernent) und Herrn Heinz Maahs (Stadtkämmerer) für ihre Aufgeschlossenheit und Unterstützung sowie Herrn Prof. Friedrich Velten, der die Betreuung als Lektor übernommen hat.
Sie danken darüber hinaus Frau Christel Block und anderen, hier nicht einzeln genannten Helfern für ihr Engagement.

Dem ersten Gedanken an eine Auswertung der vergilbten Blätter des Besichtigungsbuches folgte alsbald die Idee, deren Ergebnisse zu veröffentlichen. Das Vorhaben nahm Gestalt an.
Nun liegt es als abgeschlossenes Werk vor und möge für sich selbst sprechen.

Was an uns Original ist,
wird am besten erhalten und belobt,
wenn wir unsre Altvordern
nicht aus den Augen verlieren.

Johann Wolfgang von Goethe